37899. *Imprim* Satyres chrestiennes de la cuisine papale. *Imprimé par Conrad Badius*, (Genève), 1560, in-8, mar. vert, dos orné, dent., tabis, tr. dor. (*Rel. anc.*)　　150 »

Sept satires en vers contre la papauté dédiées aux *Caphars* et destinées à être détruites par les *Rotisseurs Cagots*.

Très-rare. Superbe exemplaire dans une jolie reliure de *Der* provenant de Gaignat, Méon, d'Ourches et du prince d'Essling.

I0156471

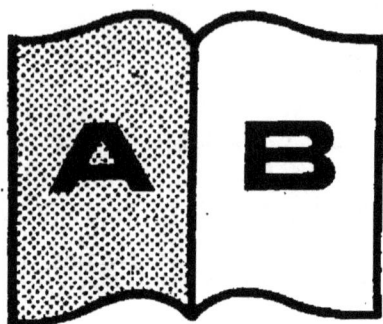

Contraste insuffisant
NF Z 43-120-14

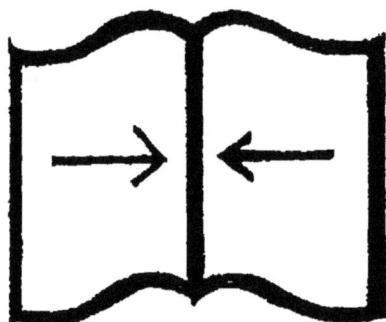

Reliure serrée
Absence de marges
intérieures

SATYRES
Chreſtiēnes de la cuiſine Papale.

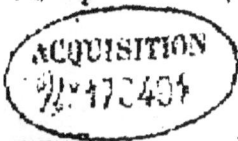

Des cieux maisons & pleins d'obscurité

Dieu par le temps rend Verité

Imprimé par Conrad Badius,

M. D. LX.

A GENEVE

Auec Priuilege.

AVX CAPHARS.

Qui deſire a nul ne deſplaire,
D. nul inuiter ſe ſouuiene.
A vous Caphars, ne veux complaire:
.. vous inuite. Or ſus qu'on viene.
Venez, que le poil vous reuiene,
Tondus, pelez, ne tardez point.
Emplir vo' faut (quoy qu'en aduiene)
De ce brouet chauſſe & pourpoint.

IE T E puis affeurer,
lecteur, que comme
en mon aage indif-
cret la Theologie
ne fuft ma profef-
fion, auffi dónoy-ie
peu d'heures a la lecture des Efcritu-
res fainctes, tant ie ne prenoye natu-
rellement plaifir a la celefte doctrine:
& me fébloit eftre affez de croire a ta
ftós, ainfi que dit le prouerbe: & pour
le faict de la foy m'appuyer fur le fcauoir & confcience des ignorans & a-
bufeurs Caphars: tellemét qu'encores que i'euffe ouy parler des poincts
qui font auiourd'huy en côtrouerfe,
ie refufoye a mon efcient de receuoir
en main les graues & excellens trait-
tez, qui demonftrent plus clair que le
iour les erreurs & abus de ces Pape-
laftres. Mais ayant ietté ma veuë fur
certaís efcrits facetieux, & touteffois
Chreftiés, auffi toft noftre bon Dieu

a.ii.

m'a tant fait fonder les fecrets de fa
Parole, que tout incontinent i'ay eu
horreur de l'abyfme où peu au parauant ie m'eftoye precipité. Et lors me
fouueint du vers d'Horace:Qu'eft-ce,
dit-il, qui empefche que celuy qui rit
ne die verite? Ainfi donc ie fuis venu
d'vn rien a vn tout, comme en riant.
Et de faict,il eft certain q̃ les diuerfes
accouftumances des hommes, & les
diuerfes natures font que la verite fe
doit enfeigner par diuers moyens:de
forte que non feulemẽt elle peut eftre
receuë par demonftrations & graues
authoritez,mais auffi fous la couuerture de quelque facetie. Et pour preu
ue de cela, il m'a femblé bõ de me pre
fenter en exemple pour prendre les au
tres,ainfi que i'ay efte prins pour eftre
mené en vne trefgracieufe prifon. Or
ayant a ceft effect confideré la fource
de tout le mal,remué tout le mefnage
de ceft Antechrift le Pape, ie me fuis
rué de droite cholere en fa cuifine, là
où i'ay veu fes cuifiniers fous accou-
ftremens

ſtremés de ſimplicite & honeſtete, ſu
perbes & deshoneſtes pautoniers: ſes
vtéſiles, ſous couleur de purete & bône odeur, gras & puans inſtrumens: ſes
vîs, viãdes, & ſeruices, ſous artificiel-
les douceurs, boire & manger abomi-
nablemét venimeux & infets: les frais
exceſſifs, &, qui pis eſt, ſupportez par
gens miſerablemét hebetez, & abru-
tis. Et lors m'eſt venu en péſee, qu'ain
ſi que ſuyuãt le prouerbe, a bien fonder vne maiſon il faut commencer par
la cuiſine: par le côtraire, a la demolir
il faut ſemblablemét donner les premiers coups a la cuiſine. Ce q̃ i'ay taſ-
ché de faire yci, ſelon que le Seigneur
m'a dôné cœur, & preſté la main. I'at-
ten ſa grace pour de brief m'éployer
a vaillãment ruiner le tout, & cuiſine,
& maiſô. A laquelle executiô tu attĕ-
dras de ſcauoir mô nom, ſ'il ſe trouue
que cela ſerue a l'edificatiô de la maiſon de Dieu.

SATYRE PREMIERE.
DE LA CVISINE EN GENERAL,
& du baſtiment d'icelle.

ANTALEON, ET
Epiric,
Zophon, Mithec, &
Tindaric,
Egeſippe , & Hera-
clides,
Epenet, Zymonactides,
Caton, Varron, & Columelle,
Toy Apice auec ta ſequelle,
Praxame auecques Tailleuent,
Et tous autres qui taillez vent
En l'art & ſcauoir culinaire,
Sortez hors, & m'en laiſſez faire.
Car vous n'auez les poincts ouuers
Qui touchent a tout l'vniuers
En matiere de cuiſinage.
I'en ſcay vn de mon couſinage,
Bon garçon, nommé Platina,
Mais quoy qu'il die, plat il n'a
Des viandes de Cour de Rome.
Car ayant veu & quoy & comme
Il en parle, i'eſcri, & di

Qu'il

Qu'il ne fut oncques si hardi
D'y mettre le nez tant auant
Que i'ay fait derriere & deuant.
Car au milieu le cœur luy faut.
Suppleer ie veux son defaut.
Sus donc, a coup plume, escritoir.
Lecteur, ie t'escriray l'histoire,
L'histoire de la grand' cuisine
Des voluptez de Melusine,
En tous ses endroits perfumee,
Où les vents mondains en fumee
Sont entremeslez de tempeste.
Pluton tousiours y fait là feste
De sa mignongne Proserpine,
Autrement, Papaute la fine.

Proces & debats en ceste cuisine.

Cuisine, où rien n'est aualé
Qui n'ait este tarteuelé.

Qui en peut a- uoir en a.

Mais sans reprocher ce qu'il couste,
De frugalite n'y a goutte

Infinies calönies en cuisine

Es plats de cauillations.
Doctes confabulations,
Propos de ioyeuse prudence
Sont ennuys a l'outrecuidance
De ceste cuisine absoluë:
Tant est friande & dissoluë,

Veteri l us com ra die. b a.b sol. jc. c pr P l

Tant elle est cuisine Attalique,
Ou plustost cuisine Italique:
Italique! Pourquoy? Comment?
Cuisine du Pape autrement :
Toute plene de grans hazars,
Où sont conuoquez tous iasars,
Qui de l'honorer prenent peine,
ASNES de la race Africaine:
Ceux, di-ie, qui du bon bruuage
Tant prisé de tout homme sage
Oncques n'eurent soif, ni ne beurent,
Entree yci pieça receurent,
Et d'honneur tant, & si auant
Que chacun de boire est scauant
Apres le taster du bacon.
Lecteur, ne touche le boucon,
Ou ne pense plus de ta vie.
Comment? que ta bouche asseruie
Soit a cest'orde infection?
Non, non: mais pren refection
Ioyeusement en cest escrit.
Boy, mange, & tantost ton esprit
Consolé chantera Prouface,
Apres disner. Vers moy ta face
Ores vray Apollo retourne,

Ab Atta
lo rege
magnifi-
co quæ
sunt ma-
gnifica,
Attalica
dicũtur.

Athenæ-
us in dip
no. inter
opipa-
ras men-
sas Itali-
cas recé-
set.

Apud pa
storales
Afros sũt
asini nõ
potãtes.
Herod.
lib. 4.

Et

Et ton œil de faueur me tourne:
Faifant qu'en ces brouillars ie coule
Rond rondement comme vne boule,
Et ma plume finalement
Vole par tout le firmament
De fiecle en fiecles a ta gloire.

    Or ça lecteur,(fi tu veux croire
Verite)vn beau clair matin
Quand ceft Hebrieu,Grec,& Latin
Rendirent en profe & en vers
Les pots aux rofes defcouuers,
Et toute la terre en rondeur
Se refentit de bonne odeur.

Docteurs & benefi ciez du Pape fti- pendiez pour ca- cher la ve rite. Ie vey des Brigueurs briquetiers
Qui çà là couroyent és fentiers
Pour raffembler brigues & briques
Et par leurs nouuelles fabriques
Serroyent & recachoyent les rofes,
Voire pour les tenir enclofes
Vieux vef neurs taf- chans de coulourer les abus de la Pa paute. Tafchoyent a vieux pots radouber.
Chacun fcait fi le bien dauber
Fut efpargné aux chicanoux.
Mais brief,efchaperent de nous,
Et fans parler au chien qui iappe,
Sont courus a monfieur le Pape, *Chriftia ni molof fi latrãé aduerſ Iapoſ.*

Le Pape, ou Happe si tu veux,
Il ne me chaut lequel des deux
Tant y a que voudrois entendre
Si ce Monsieur s'en pourroit pendre.
Et a cest effect me transporte
Par le plus court, droit a la porte
(N'en desplaise a ce Venerable)
De sa cuisine insatiable.
Ceste cuisine est vne tour
Bien haut leuee par vn tour
De passe, passe: vne tour belle,
Qui rend splendeur ie ne scay quelle
D'or, d'argent, d'airin en peincture,
De blanc yuoire en couuerture,
De front marqueté d'esmeraudes.
Mais quoy? ce sont abus & fraudes,

Nicode-
mites.
Et toutes gayes happe-lourdes.
Ie m'en rapporte aux Limes-sourdes,
Et mesme a d'aucuns bons Caphards,
Si ce ne sont biffes & fards
Surbois pourris. Le fondement
Sans chaux, sans sable, ni ciment

Chemi-
nees sont
les clo-
chers.
Est ruineux. Les cheminees
Nous voyons souuent fulminees
Par leurs excessiues hauteurs.
                              O fumeux

O fumeux clochers, abſtracteurs
De quinte eſſence! O fols, qui eſtes
Tant eſlourdis de ces ſonnettes,
Treſſaillemens, & quarrillons!
O caillettes, o coquillons!
Allez a la Cybele, allez,
Et vos cymbales triballez.
Car comme bien ſcauez, ces cloches   *In ſacris Cybeles matris deorum, tympana pulſabā̄tur.*
Vous font croiſtre vos eſpinoches
Par leurs ſons doux comme roſee.
Sur ces ſons i'ay ia compoſee
Chanſon a voſtre chaſtiement.
    Scauez-vous de ce baſtiment
Qui eſt premier fabricateur?
Ou mieux, qui eſt le vray autheur
De ces puiſſans materiaux?
Quand des palus inferiaux
(Apres qu'elle eut beu ſa chopine)
Proſerpi- Ma dame, dame Proſerpine
ne ſe nom
me Papau- Veint au monde acquerir renterre,
te.
Renterre Lors par la mer, & par la terre
en Bour-
gongne ſi- Vſurpa nom de Papaute,
gnifie rin
te ſoſiere. Et ſous fards de laide beaute
Se feit clamer la mere Egliſe.
De là vient qu'elle ſe deſguiſe

D'vn

D'vn beguin, qui trouffe amerueilles

Habille-
miers de la
Papaute.

De L'ASNE les grandes aureilles,

D'vn furcot, puis d'vn demiceinct:

Et puis vous branfle le toxeint,

Et din dan dan dit la clochette:

A fon col tourne fa cornette,

Sur fon col met vn grand gaban:

A fon chapeau pend le ruban,

Qui denote qu'on ne fi frotte.

Diacre
et Sou-
diacre.

Deux filles de chambre ont la cotte,

Cotte verte, & les mancherons:

Et le plus fouuent chaperons,

Ou vn bonnet quarré poinctu

D'vne recachee vertu

Sous vn bel & blanc chemifot.

Parifot,
cest adire
Badaut.

Le bon le tant bon Parifot

Fait de tout ceci vn grand cas.

Phocas
empereur
tref cru-
el, & in-
humain,
si le fust
one, est ce
luy qui
vendit a
l'euefque
de Rome
le titre de
Euefque
vniuer-
fel.

A bon droit. Car iadis Phocas

Se dict eftre coufin germain

De la dame. Elle porte en main

Bagues & anneaux, faits en fomme

Pour monftrer le chemin de Rome,

Siege de fa defloyaute.

Les fuppofts de fa cruaute,

(Venós au poinct) faicts incroyables!

Trente

Trente.mille tous petis diables
Sous le capitan Fort-espaule
Apporterent en noſtre Gaule,
Et depuis en toute l'Europe
Ceſt attiral.Comment? En croppe.
Et d'où? Du manoir infernal.
C'eſt cela que dit Iuuenal,
Sa cuiſine ſon chacun ſuit.
Mais paſſons outre ſans grand bruit.
Si faut-il qu'vn peu a requoy
Ie contemple ce que ie voy
Sous ces colomnes.quels phãtoſmes!
Sont Atlas, ſont geãs, forts hommes,
Qui l'Egliſe,ſelon l'aduis
Des ſots,aſſotez & rauis,
Portent ſur leur dos:que ſi bien
Tu les vois,cert'ils n'y font rien,
Sinon qu'aſſez nous repreſentent
Tous Cagots,qui tous ſe contentént,
Pour tous labeurs,de vie oiſeuſe.
A veoir leur trongne bilieuſe
L'on diroit qu'ils ſouffrent beaucoup
Pour l'Egliſe.Or a coup,a coup,
Qui a-il ſur ce chapiteau?
Deux clefs.Que dit ceſt eſcriteau?

Les armoiries & diuise du Pape.

IL N'EST QVE DE VIVRE A SON AISE.
QVE CHACVN ME CROYE ET SE TAISE.

De faict, ma dame Papaute
A si fort brusquement heurté,
Et employé ses clefs tortues,

La puissance des clefs du Pape.

Que d'enfer portes abbatues
Voyons a l'œil pour toutes gens
Receuoir qui sont diligens
De suyure ses poltronneries.
Qu'ainsi soit, aux Pasques flories
Qu'est-ce qu'ils appellent enfer?
Tu vois rompre de Lucifer
A trois coups les portes ouuertes.
(Entrez auec vos brãches vertes.)
Car au moins ce iour on confesse

On chãte Meße en enfir, a Pasques flories. Tenebres se disent la sepmaine peneuse.

Que dans enfer on chante Messe.
Dont suyuent tantost les tenebres
Parmi ces oraisons funebres.
Tous petis enfãs diablotons
Rompent tout: pierres & bastons
Courent menu. Et la complainte
S'en chante la sepmaine saincte,
A gueule bee. Pour le moins
Il n'y a faute de tesmoins,
Tesmoïs qui ont yeux, nõ pour veoir,

Qui

Qui ont aureilles, sans pouuoir
De bien ouir, le cœur non tendre,
Trop engraissé, pour bien entendre
Le defaut du dos accourbé:
Tesmoins a cerueau perturbé
Auec leurs ventres ocieux.
Et que disent-ils? que les cieux
Pour de l'argent nous sont ouuers.
Ils les nous vendent les pois vers,
Et aux gris leurs amis inuitent.
Ces depositions euitent
Gens craignãs Dieu, & pource mesme
Qu'elles n'ont raison que Quaresme,
C'est a dire, maigre, & mal saine,
Le tout pour farcir leur bedaine.

SATYRE II.

DESCRIPTION DV IARDIN DE LA
Cuisine, & du moyen d'y entrer.

Cemiftie-
ries sont
iardins
de plaisã-
ce aux
Prestres.

PASSONS pl' outre.
De costiere
Est le iardin, le ce-
mitiere
Bossu toutes pars de
naueaux

Que

Que l'on y feme plus nouueaux:
Clos de murs, de palis, ou bufches.

Benoi-
ftiers font
a l'eftee.

Es portes font mifes les cruches
A fcauoir pour les violetes,

Les pail-
lardifes
&autres
enormi
tez de la
preftrail-
le font ta-
xtes fous
les noms
de diuer-
fes her-
bes.

Fleurs d'amours, pómes d'amouretes
Et la bonne Dame arroufer.
Il faut fouuent pigner, toufer
Des maiftres moines la Rheubarbe,
Et du bouquinant bouc la barbe
Pour euiter Melancholie.
Mais quand l'herbe de Ialoufie
Monte en haut, lors la Tormentille
Par les quarreaux court & fretille,
Et fait pulluler Baguenaudes.
Le Millot a faire des gaudes
Alors prend fon auancement.
Il y croift affez de Serment,
La Cruciate, & Sanguinaire,
Et le Feu ardent d'ordinaire
Suyt de veaux & d'afnes les pas,
Suyt auffi comme par compas
Bec d'oye, & Langue de ferpent
Auec tout ce qui en depend.
Et c'eft pourquoy l'on voit flourir,
Comme pour iamais ne mourir,

A merueilles la Romanie.

Prestresse donnêt du bon temps & nul ne les reprêd ne punit de leurs forfaits. Il n'y croiſt point d'Aigrimonie,

Encores moins de l'Ancholie,

Parce qu'elle engendre folie,

De Soulci, d'Eſtrangle-liepard,

D'Eſtrangle-loup:& nulle part

Se fait l'Angelique apparoiſtre.

La Grace-dieu n'y pourroit croiſtre.

Mais voyci par tout,dans le ſable,

Belles greines de Mort-au diable,

A qui en veut. De Sauue-vie

La vieille Iezabel chienne de ſale, iadis gardienne du Iardin Pas vn grain.Es-tu là grauie

Laïs?eſt-ce toy qui domines

Ence verger? qui determines

De tous Bons-chreſtiens deſplanter?

A bas.Il me faut charpenter.

Tip,tap,arbres defectueux,

Arbres ſecs & infructueux,

Croix ſur les chemins eſpanchees,

Croix derompues,croix hachees

Tombez,tombez deſſous ma hache.

Ie tire,ie briſe,i'arrache.

Le curé crie,& ſ'eſcriant

Son vicaire vicairiant,

Que diable faites-vous,dit il.

Ha,monſieur le docteur ſubtil,
Di-ie lors,le voyant en face,
Qui ſcaura mieux faire,le face.
   Suyuons diligemment le cas.
Sans grãs plaids,ni grans aduocas

Le Bapteſ
me Papiſti
que.

Apres d'vn grillot les chanſons
Ie vey d'y entrer les façons
Qui ne ſont de fort bonne miſe.
Voyci le portier en chemiſe
Qui chaſſe les diables cornus,
Et dit a ces poures corps nuds
Son gergon.Ia dés le cliquet,
Ie flaire le beau ſaupiquet
D'huile,de ſel,crachat,pouciere.
C'eſt vne ſaugrenee chere
Par l'opinion d'Auicenne.
Mais ce n'eſt pas pour vie ſaine
Que d'vne maniere ſi ſale
La bouche & les leures on ſale.
Mais ſeroit-ce point pour autant
Qu'ils aiment a boire d'autant,
Et voudroyent bien ces mal-heureux
Qu'vn chacun fuſt auſſi preſt qu'eux
D'aller où ils vont,ſans le croire,
A force de manger & boire?

Auice
na ſe
nandi
ait,vt
fantiu
corpo
perlu
tur ag
ï qua
ſal co
quati
oecaſ
cæ r
bilicu
que
tis,it
mévta
côting
tur na
& os.

L'abiuration, l'exorcifme
En lieu de tout le Catechifme,
Chargent comperes, & commeres,
Voire fans charges trop ameres.
Car peu d'argent fait la defcharge.
Entrons donc. Place. Large, large:
Et vous aurez de l'eau benite
De la cour du bon Chatemite.
Et plus n'en dit le depofant.
Car le temps eft qu'en s'oppofant
A toute reformation

C. confir-
mation. On vient a recrefmation,
A ces ferre-fronts & bandeaux,
Ou autrement brides a veaux,

Premiere
tonfure,
marque
de la befte. Le tout a falut fort requis.
Tondre les veaux, & prendre acquits
Pour la fomme de douze fols,
C'eft premiere marque des fols

Compa-
raifon des
idoles des
Payens
& des Pa-
piftes. Qui fuyuent les cognus mal-heurs
Des idolatres. O couleurs!
O abominables peinctures;
Horribles, infames fculptures!
Voyci au vif reprefentée
Venus la deeffe efuentée
Au tableau de Conception.

b.iij

O tref-belle deception
De Cofme & Damian, deux fainds,
Faicts pour infecter les plus fains!
Tel fut A Efculape conioind
Auec Apollo fon adioind.
Gabriel difpoft & leger
Qu'eft-il finon le meffager
Des dieux, qu'on appelle Mercure?
Et puis faind Eloy, qui procure
Iour & nuit a forger des fers,
C'eft Vulcain, du fond des enfers.
Baptifte eft Hercule tout faict,
Excepté qu'il eft plus deffaict.
Ie voy faind Pierre, & fes pieds nus.
Qui eftes vous? Hà c'eft Ianus
Et fes clefs. Mars a la grand' gorge
Eft-ce poit Môfeigneur faid George
Qui de Ceres l'enflé dragon
Autrement le Demogorgon
De faindeMarguerite tue?
Ie voy vne rouë abbatue
A ce coin, Sainde Catarine,
De tefte, de bras, de poidrine,
De tout tu reffembles Fortune.
Et toy Diane, blanche lune,

                              Touf-

N'eſt-pas Hubert ton Actæon?
Touſſaincts vous eſtes Pantheon
A ces vieillars antiquateurs.

*Les No-
uales day
uent dix
mes aucu
ré.* Cà,là courent reliquateurs
Comm'infenſez,ſans interualles,
Et tout au trauers des Noüales
Font reuerence a l'antiquaille.
Les plus fols ne iettent pas maille,
Mais des beaux eſcuts ou ducas.
Dieu ſcait lors ſi frere Lucas
Deſert ioyeux le benefice.
Brief,tous officiers font office
Pour tous ces triaculeux ſaincts.

*Preſtres
n'ont pas
touſiours
leur côpte* O par trop dangereux deſſeins,
S'ils venoyent touſiours a leur côte!
Si faut-il que ie face vn conte
Du couſin germain de Villon,
Tauernier,nommé Trompillon,
Subtil,caut,& fallacieux.
L'hyuer eſtoit froid,glacieux,
Vn phantoſme de neiges fait
Ce tauernier:& pour l'effect
De ſes deſirs,vallet,chambriere
Enuoye deuant & derriere
Aſſembler gens de tous quartiers

Pour apporter de leurs meſtiers
A ce bon marchand les denrees.
Pellaux chargent robbes fourrees,
Merciers beaux gans, belles mitaines.
Tous tréblent les fieures quartaines
Du bon vouloir qu'ils ont de vendre.
Mais ſi toſt qu'ils peurent entendre
Le faict en ſoy, chacun de rire
Du bout des dents. Lors le bon ſire
Dit, Or meſſieurs, puis qu'yci eſtes
Venus de loin, approchez, faites
Qu'entriez dedans ce refretoire,
Et que ſans papier n'eſcritoire
Baiſiez dehait le Babouin.

Vn fol
mene l'au
tre.

Or ſuis-ie prins (dit Baudouin)
I'en y enuoiray plus de mille.
L'on y va, l'on y court a file,
Chacun y eſt treſ-bien receu,
Nul ne ſe vante eſtre deceu,
Pour plus de compagnons auoir.
Ceux qui ſont accorts en ſçauoir
Sçauent le mieux faire les mines.
O temps, temps qui tout determines,
Quand reluiront les chauts atomes,
Qui ces neiges, & ces phantoſmes
                              Fendront

Fendront, &fondront en ordure?
Las! helas téps quels maux i'endure,
Attendant de Dieu le fecours!

SATYRE III.

DES OFFICIERS DE LA
Cuifine, Sircs, & Meffires.

VYVANT de mes
voyes le cours,
Courtoifemét iepaf
fe & trote.
Bãquiers Romanef-
ques de Rote,
Tous les gourmets de benefices,
Grans embaleurs de malefices,
Tous meurtriers de cheuaux de pofte,
Tous bulliftes a la compofte,
Gryphons & harpyes de cour
Des bufchers de la bafle cour
Apportent bufches és landiers.
Infinis finets, haut-gourdiers,
Beguines, Nonnains rebraffees
Y iettent fagots a braffees.
Cordelieres, Caymandieres,

b.iiii.

Conuerſes, vrayes viuandieres
Sçauent de la deeſſe Bonne
Les ſecrets mieux que la Sorbonne.
De là les viuandiers Conuers
A meinent chariots couuers,
Pour emplir les larges marmites.
Là pres ſont marmitons Hermites,
Qui les pots bruſquement eſcument.
Carmes ſ'eſcarmouchans, preſument
Qu'ils font bien le faiɛt de ſouillars.
Auguſtins, ruſtres & gouillars
Hardis, laborieux, prudens,
Freſſuriers à iouer des dents,
Quand ils ſe ruent en paſture,
Fort bien eſpluchent la nature
De ce qu'il faut bouillir ou frire.
Bordeliers (ha c'eſt mal eſcrire)
Cordeliers, autrement Mineurs,
Auec Iacopins bons beuueurs
Aſſemblent oignons & ciboules,
Auſſi rondelets comme boules,
Eſtendus comme marroquins.
Les voyez-vous les gras coquins?
Qu'à autre choſe qu'à pantoufles
Ne valét leurs peaux, & leurs ſouffles

Iuuena.
Satyr.6
Nota Bo
næ ſecre
ta dez.

Qu'a

Qu'a mouuoir l'air a pestilence.
Quoy que soit, tousiours font vaillãce
De rompre andouilles aux genous,
Mocqueurs de toutes & de tous.
Pres leurs butins, amas, & qu'estes

Exenple desdeuis monachaux apres auoir amaffé bribes.

Deux chatemites faisoyent festes
D'auoir (tant se disoyent experts)
Laiffé poures vestus de pers
En la garde du bon Iesus:
Et que de là estoyent issus
A la sauue-garde des Anges.
Le faict est, que fortans des granges
Ils auoyent laiffé l'andouillon,
Et pour auoir meilleur bouillon,
Des andouilles f'estoyent munis.

Les Cardinaux conseillerent au Pape Paul troifieme d'abolir les quatre ordres des Mendiãs: com meilapert parce que eux-mefmes en ont efcrit.

Cà questains estez-vous bannis
Par le Concile? I'en appelle.
Tenez la queue de la peste,
Et preparez vos fricassees.
Ie voy lardoires amaffees,
Et lefchefrites qu'on apporte.
Voyci trottiers de toute forte,
Traine-coufteaux ieunes & vieux,
Ou traine-gueines pour le mieux.
En premier lieu les anciens

Benedictins, Cisterciens,
Autrement nommez Bernardins,
Mathurins, mille noirs badins
Cà & là, derriere & deuant,
Tant reuerends, tant bas-deuant,
Sans qu'ils craignent de tout gaster,
Trauaillent a rost enhaster,
Monachalement fans reproche:
Et toufiours quelqu'vn d'eux ebroche
Ce que l'autre a lardé. Les haftes
Beaux Nouices a toutes haftes
Branflent de mefure, & a poinct.
Les couriaux n'arreftent point,
Vrais picquelardons en fecrets:
Auffi feruent-ils les fucrets

Connals,
vrais re- Leans de fecrete befongne.
traicts de
Sodomi- Chartreux (quâtes beftes i'epongne!)
tes. Sôt pecheurs, pefcheurs (di-ie) helas,
Iamais a mal faire trop las.
Mais veux-ie efpuifer les retraits
De ces Reuerends & difcrets?
Veux-ie efpuifer telles riuieres?
Abbez, Prieurs en leurs louuieres
Tienent les caues & greniers,
Vins, gobelets, pains, & paniers,

Defquels

Desquels tant viuement se donnent
Parmi les ioües, qu'ils entonnent
Haut & clair le Gaudeamus.

Ramus es cornifleur Ie voudrois sçauoir si Ramus
En porte point la paste au four.
Non, car il est (passe ligour)
Maistre aux ars d'escornifleries.
Curez (mortelles moqueries)
Es doux sons de leurs chalemeaux,
Escorchent tous vifs leurs aigneaux,
Et les font languir sur la paille.
Vicaire (farouche canaille)
Tost apres en font boucherie.
Y ci faut que ma boucherie,
Puis que ie voy tirer farines
De ces images tant diuines,
Et les morts payer les tributs.
Puis apres d'ailleurs quels abus,
Quand ils vendēt terre & tombeaux, *Vultu-res & cor ui ad ca-dauera.*
Et loin & pres comme corbeaux
Cherchent, & suyuent les charognes?
Puis ces chanoines, grasses trongnes,
Espanchez çà là par quantons,
Cheuan ton, en lã Bourgui gnõ, signi fievn bout de tisen. Attisent au four cheuantons
Pour cuire flancs, flanges, flamusses.

Les feruietes, les aumuffes
En payent l'amende ordonnee.
Vn cuifinier a la iournee,
L'ordoux Girard, fcait bien a quoy
Cela fert, pour auoir de quoy
Bien chafourrer fa gibbeciere.
D'vfer de crachat, de pouciere,
De graiffe, de cire, & falpeftre,
C'eft le meftier de fale preftre,
Puant, laid, vilein charbonnier,
Regratier ou eftanfonnier,
Qui ne fe mouche que du coute.
Et quoy que rien, rien ne leur coufte,
Et quoy qu'auffi ils s'entreflatent,
Voire ainfi qu'afnes f'entregratent,
Si eft-ce que marchans de frippe
Ie voy courir, & pour la tripe
L'vn fur l'autre pyratiquant,
Et l'vn de l'autre practiquant
Formes de corbinations.

Carbina-
teurs de be-
fices.

Ie voy en cour les penfions
Des courretiers a courbes dos,
Vrais maftins a l'entour d'vn os,
Qui grondent a tous fur les marches.
Euefques, Primats, Patriarches,

Suffra

Suffragans, & Officiaux.
Seruent d’escuyers feriaux
A presenter les premiers mets
En processions, mais iamais,
Que la croix ne marche deuant.
Le confanon est mis au vent,
Pour defése aux assauts des mouches,
Lors brayét de toutes leurs bouches,
Presentans a tous leurs viandes.
Les volatilles plus friandes
Sont par les Cardinaux portees.
Toutes delices apportees
En dernier mets par Courtisanes.
Garçons sur mulets & sur asnes,
Ganymedes, pocillateurs,
Truandeaux, gaupinets, flateurs
Sont en tous lieux toute heure prests
A verser de loin & de pres,
Tant sont-ils gentils faucóniers.
Quoy plus? Nos maistres Sorbóniers
Aussi luisans qu’vne lanterne,
Sont au milieu de la tauerne.
Phirnis vien çà, Mistil va là,
Regarde bien Taratalla
Pour le rost a temps reculer,

Colla-
teurs, &
presenta-
teurs à
ceaux de
tiers có-
fans.

Processi-
os.

Ficta no-
mina co-
quorŭ ex
versiculo
Homeri.

Garde fur tout de le brufler,
Et l'on te puifera vn bain.
Mæfon eloquent & vrbain,
Pour toy nos feux font trop ardans.
Sorbonniers font Nabuzardans
Efquels Nabuchodonofor
A baillé foudarts & threfor
Pour donner aux bons vn' atteinte.
Las, que ie fuis en trouble & crainte!
Ils vont a pied & a cheual,
Ils courent a mont & aual
Pour prendre l'Eglife aux paffages.
O nos bons maiftres & bien fages,
Notamment pour fcauoir par feinte
Ruiner la Cite treffainéte.
Paftiffiers reuerendiffimes,
Cardinaux eloquentiffimes,
Les gran-goufiers Inquifiteurs
De la foy, font conquifiteurs
De nouuelles tres-diligens:
Helluons, Ganeons, Sergens,
Golfarins, & Ligurions
Les defendent des horions.
Raifon? Celuy qui n'eft pas preftre
Quelque iour le pourra bien eftre:

Ou

Veteres
dixere
Mæfona
elegãtē
& vrba-
num co
quum.

Ou bien ses enfans par la panse
En auront quelque recompense.
O transport d'esprit!O manie,
Qui tels cerueaux ainsi manie
Et nourrit tant vilenement!
S'il se trouue quelque Alemant,
Ou quelque Bourguignon de France,
Qui de parler vn peu s'auance,
Au VENTRV.Côme quoy?S'il dit,
Quil n'est le premier en credit,
En vn mot,qu'il n'est rien du tout,
Soit qu'il soit assis ou debout,
Quel bruit? & quel tumulte alors?
Il est chassé, chassé dehors,
Chassé dehors,ou plustost pris:
Il est exposé a mespris,
A ceps, a prisons:puis afin
Que trop ne se morfonde,en fin
Est approché du feu si pres,
Qu'il ne faut pas aller apres
Que pour souffler la cendre au vent.
Voyla la glose du conuent
Prinse des recachez secrets
A faire obseruer les decrets
De la faculte Trologale,

Autrement vertu Cardinale.
Si faut-il que ie me marriſſe
Qu'vn ieune Reuerend nouice
Veut toute la ſouppe humer.
Oncques ne fut trouué amer
Ce qu'a ſongé ceſte poupee,
Quoy que ſoit, la Proſopopee
Eſt ſeul appuy du Papelage.
Ils ſont tous gens de beau pelage.
Mais comment ſont-ils appelez
Generalement? Ras pelez.
Pelez ils ſont, ſigne apparent
Que le peche eſt leur parent,
D'autant qu'ils n'ont d'hóme de bien
Vn tout ſeul poil qui vaille rien.

Ne piłũ
quidem
viri bo-
ni . Cice
roniſdi-
ɕerium.

O mentons tondus, mentons ras!

Les ima-
gersſõt bar
bues , &
lespreſtres
eſbarbez.

Entre en cuiſine & tũ riras
De ces beaux marmoſets barbus,
Qui ſans parler preſchent l'abus
De ces cynedes esbarbez.
Mais quoy que ſoyent ainſi gabbez
Ces frons luiſans cóme aurichalque,
Chacun d'eux (pourueu qu'il defalque
Bons deniers de nos eſcarcelles)
Eſt content de plaire aux pucelles,

Et

Et nous seruir de faceties.
Non, non, di-ie, [a]sont primities,
Rasé, tondu, que tu consacres
A Dieu. Ie recognoy les Sacres
De vous, ó Rois, & vos conquestes,
Les couronnes des iours des festes
Dieu, & sainct Iehan. [b]Ioniens
Ou, comme on dict, les Indiens
Ont a tant sot couronnement
Donné sotart commencement.
O monachale inuention!
O la belle operation
Es testes de ces bons pions!
Qui comme vaillans champions,
Plus boyuent, plus la soif les presse!
Ces [c]Leontins font douce oppresse
A leurs hauts godets & calices
[d]Parmi le peuple & les Patrices,
Es Cereaux & Megalenses.
Et tant mutitent (o vaillances
En campagne du [e]Cothonisme)
Que ie di tout leur fanfarisme,
Estre par hypotiposie
La nouuelle acratoposie,
Puis Alexandre mise sus.

[a] Qui ex ephebis excessissent, de lati Delphos primitias comæ offerebant Apollini

[b] Primi Iones in côuiuiis coronarû & vnguêti côsuetudinem inuenere, maxima luxuriæ irritamenta. Ab Inidis postea vsurpatum est, vt ad conuiuia coronati accederent. Romani deinde coronas inter pocula vsurpaxunt.

[c] Semper Leontini iuxta pocula.

Cuisiniers couronnez presbyteralement.

[d] Plebs Cerealibus, Patricii Megalesibus mutitare, id est mutua côuiuia agitare inter se solebant. Gel.lib. 2.cap. 24.
[e] Cothonismus dicitur ebrietas apud Lacones. Nã Cothõ erat poculi genus.

A la vendange°Indois.Or sus
Indois Alexandrocolaces,
Et vous Dionyfocolaces,
Syracufains,galins galois,
A fin d'auoir meilleures voix
Beuuez comme feches terraces.
Et puis a belles patarraces,
En vos religieux conuiues.
Vos commeffations chetiues
Soyent fans regle & gubernateur,
Sinon qu'vn Modiperateur
Die a chacun,ᵇVa t'en,ou boy.
Voyci le poinct,voyci la loy
Pourquoy ainfi que°Tarentins
Se leuent fouples les matins
Pour boire,ᵈ &côme gens Libyques,
De voix tremblantes,& lubriques
Hurlent au milieu de leurs temples,
Apres neantmoins que les amples
O Enophores ont°efgoutez.
Ceux qui là les ont efcoutez
Quand tout eft dit,qu'ont ils appris?
Cependant marchans qu'ont ils pris?
Tout ce qu'on donne aux reliquaires
Eft aux morts,ou a leurs vicaires.

                         Car

[Marginal note a:] Præter gymnica certamina abAlexâdro propofita,etiam acratopofiæ,id eft,mera ci potus certamê fuit inftitutû. In eoprimas occupanti talêtum fuit præmiunt: fecûdas, triginta minæ:decem tertias: idque quû Calanus Indus fefe viuus cremaret

[Marginal note b:] In Græcorum côuiuiis lex ea obtinet, Aut bibe, aut abi.

[Marginal note c:] Tarentinis inueterati moris fuit matutinis fe poculis ça inuitare,vt iam frequêtiore foro temulêti viderôtur.

[Marginal note d:] Libyci moris fuit in templis vlulare, Porro apud illo's rei diuinæ caufa amplius latgiufque fe inuitare nefas credebatur,& poft facrificiû ebrii fiebant. Herod.

[Marginal note e:] Iuxta illud, Sanctus Dominicus fit nobis femper amicus, Cui canimus noftro iugiter præconia reftro, De cordis venis ficcatis, ante la genis.

Car il ne fut onc tels marchans
Pour fçauoir par ville & aux champs
Arriere-boutiques dreſſer.
Si tu veux a eux t'adreſſer,
Cuideras que leurs meſchans draps
Soyent bons & fins. Quãd tu vendras
Taſter le guay de leurs meſtiers,
Ils vendent tout temps volontiers,
Voire ſans liurer marchandiſe.
Ceux qui font chats de friandiſe
Ne poiſent les frais qui ſ'enuolent.

Confrairie appelle la faculté, à Paris.

De là les dets & cartes volent
En la faculte de Paris.
D'ailleurs les viuans qui par ris
Prenent a ſoulas le bon temps,

On n'vſe iamais du ſuccre de la Parole de Dieu en teſte chriſbot.

Sont tous ioyeux, font tous contens,
Mais que ſuccre on ne leur preſente.
Succre leur eſt poiſon preſente,
Succre, parole deriuant
De la douceur du Dieu viuant:
Succre qui de ſa douceur donte

La parole de Dieu dontera la cholere presbyterale.

La cholere qui les ſurmonte,
D'autãt plus qu'ils ſont choleriques.
Voyci nouuelles rhetoriques.
Iuſques aux plus petis vicaires

Caphars sont bons apoticaires
Sans succre, & tous bons cuisiniers.
Mais qui les fait bons? Bons deniers,
Bon pain, bon vin, & bonne mine,
Qui le monde bigot affine.
O estomachs fastigieux!
O ventres tres-ingenieux
A trouuer nouuelles delices,
A lescher plats, humer calices,
Pour abbreuuer les consciences!
C'est pourquoy ces Biẽ-pris-en-pãses
Auant qu'appetis soyent ouuers,
Sans cesse, a tors, & a trauers
En tous, par tous les elemens
Cherchent les meilleurs alimens
Pour satisfaire a ce gosier.
Ie scay grand chose en vn chosier,
C'est tout vn de toute despense
Pour contenter ceste grand panse.
Grand panse Heliogabalique.
Vn mot aussi vray qu'Angelique.
Quel mot? Pour cela bien venus
Sont a Rome, & bien retenus
Messieurs nos maistres les doubteurs.
Car quand ils seront inuenteurs

De nou-

Gustus elemẽta per omnia quærunt.

Illi est in solo viuendi causa palato.

Poures docteurs crotez souuent mãl recompẽsex. O grã de pitié!

De nouueaux brouets, on rira,
Et tantoſt chacun leur dira,
Ces brouets ſont par vous broyez,
Mangez-les. Au reſte, croyez
Que iuſqu'a tant qu'vn autre tente
D'en auoir vn qui mieux contente,
Seulets viurez de vos humeurs,
Poures miſerables humeurs,
Qui tant ſouuent laſchez la priſe
Au lieu meſme où vous l'auez priſe.
Mais yci deux choſes me ſeichent.
Que ces cuiſiniers leurs doigts leichẽt
Et de ce que tout d'vne fois
Ils ne ſe mangent tous les doigts.
Ie parle a vous diſputateurs,
Vous du Pape les palpateurs,
Où ſont vos anciens cerueaux?
N'eſtes vous pas ou cerfs, ou veaux, *Romana virtus quò abiit?*
Ou ſerfs & veaux, qui vilement
Seruez ſi volontairement
Meſſieurs les eſcureurs d'egliſe?
Mais de grille. Si ie deuiſe
Auec eux, maugre leur bricole
Ie leur apprendray tour de role,
Tour de cuiſine, tour de broche.

L'autheur
se cholere
e peine de
perdre ses
peines.

Approchez poltrons d'Antioche,
Captifs esprits, lourdaux, testus,
Quoy que vous soyez long-vestus
Et munis de diuerses armes,
Iacopins, Cordeliers & Carmes,
Et tous vous autres d'autres noms,
Si n'estes vous en vos prenoms
Autrement appelez que Sires,
Ou si le voulez, que Messires,
Messires Iehans: & vos bagages
Ne sont vrayement que les gages
De mort apres mortelle vie.
Où suis-ie ame? qui t'a rauie?
Reuien a moy. Parler conuient
Du reste. Assez il me souuient,
Que cagots ont pour Dieu, Foy, Loy
Vn Satan leur Pape & leur Roy,

La deuise
G A S-
T E R,
c'est a di-
re, vētre. Et ce mot G A S T E R, pour deuise.
Puis la couleur, qui les diuise
C'est blanc, noir, tanné, pers, & vers,
Et gris, qui est le plus peruers,
Fauorisé du capuchon.
Fanfreluche & sa Baudichon
Cognoissent biē qui biē s'accoustre.
Quant'a ceux qui passent plus outre,

Et por-

Et portent magnifiques titres,
Ils ne font coquins ni beliftres,
Ains ont des biens iufqu'a creuer,
Ces biens les font dormir, refuer
Par voracite, & frequente
Repletion, qui les tourmente.
Sous gabans, furplis, & roquets,
O beaux & rouges Perroquets!
Voire mais le temps eft paffé
Qu'al'ombre d'vn verre caffé
On faifoit dandiner le monde.

Belles al-
legories. O belle fcience & profonde!
L'aube & le furpli blanc denote
Vie fans macule & fans note.
La mitre des deux parts cornue,
Science certaine abfolue
Du vieil & nouueau Teftamens.
Les gands, des facrez Sacremens
Syncere adminiftration.
La croffe, faine attraction
Des brebis a vraye pafture.
La croix, les liures, l'Efcriture,
Des humaines affections,
Auecques les afflictions,
Les aduenemens fignifient.

Voyla où Caphars se confient
Par belles contemplations.
Mais au titre des ᵃ Actions
Renuoyent les Institutaires.

Reuestiai-
res.

Voyla pourquoy Reuestiaires
Sont de ces robbes assortis.
Soyent au surplus tous aduertis,
Que pour estre plus redoutable,
Le Pape ha ᵇ des amis de table,
Qui trouuent en cuisine bon
Le salé, mesme le iambon,
Et, quoy qu'Horace ᶜ die en vers,
Ils ont gousts nullement diuers,
Mais bien sont-ils de deux manieres.

Les gros
mangent
les petis.

Premiers estendars & bannieres
S'appuyent au dessus des grosses,
Des pieça qu'on appelle, Crosses.
Dont pour le bien public bondissét,
Et par le pays s'esbaudissent
Ces poures clabaudeurs de vesses,
Ou si tu l'aimes mieux, de Messes,
Chapelains, aumosniers crotez,
Fesseurs de BENEDICITEZ.
Car quoy que soit pour paruenir,
Il faut bien du mal soustenir,

Tout

ᵃ Allusio
ad titu-
lum De
actioni-
bus, lib.
Institu-
tionum
Iuris Ci-
uilis
quarto.
Nam re
vera isti
contem-
plantes
nihil a-
gunt.
ᵇ Amici
Thala-
mi.
ᶜ Hora.
Tres mi-
hi conui
uæ, &cæ.

Tout eſt a vendre ſans nul ſi
Tant ils ont courageux ſouci
De branſler leurs dents affamees.
Polyphagies diffamees
Vous nous vendez des haligornes!
Ie ſcay que du Pape les cornes
Croiſſent par tels ſaturions.
Vrayment ſont les Centurions
Pour l'exercice de leur guerre.
Or ça gentil homme ſans terre,
Ami de Dieu, comme tu dis,
Ceſte cuiſine eſt Paradis
Pour toy en toute liberte.
Ha, que le brouet eſuenté
Et la nideur de ce pourpris
Te tient lié, garroté, pris!
Eſt-il poſſible qu'homme puiſſe
A ceſte table vſer ſa cuiſſe,
Pour ſe voir tant de fois trompé?
Celuy qui eſt en cœur frappé
De l'eſpoir de ſoupper a part,
Attend qu'on luy face la part
De quelque beau rable de lieure,
Ou quelque fois de quelque bieure,
Cuiſſe ou aile de gelinette,

Saturiō
apud
Plaut. in
Perſa,
paraſit
eſt per
ātiphra-
ſim, eo
quôd nũ
quam ſa
tur ſit.

Nourris
an eſperā
ce de be-
neſices.

Et fonge qu'vne godinette
Defia le fert de pain blanchi,
Et puis de bon vin refrefchi
Sous le bon vouloir de fes dents.
Meffieurs les Superintendens
Qui cachez d'abus l'inuentaire,
Les Concordats qui vous font taire
Vous font grand outrage endurer.
I'enten bien que c'eft pour durer,
Et auoir la part au gafteau.
Vous eftes prefts, ne bien ne beau
De vous expofer a rifee.
Barbe rafe & tefte rafee,
Comme tous autres Trupelus,
Souffrirez encor Goguelus

Le mar-
que de la
befte.
Que graffement a vn befoin
Du feau l'on vous marque le groin,
Et irez ainfi faire fauts.
O dignes d'eftre commenfaux
Et amis de tels Pape-dieux!
Dignes d'eftre veus en tels cieux,
Et d'eftre repeus de tels mets!
Pres de ce Pape ie vous mets
Cardinaux, comme du Tyran
Eftoit ce grand Cyrenean
                              Ariftip

Ariſtippe, ou bien Euripide
De palper, & flater cupide
Pres du grand roy de Macedóne.
Et pourquoy? d'autant que l'vn dóne
Ce que l'autre prend volontiers,
Mais le pis eſt, qu'auant le tiers
De tous les deſirs acheué,
Il faut iouer au cul leué.
O le temps! o Morgue la fée
Qui t'a ainſi mal deſcoifée?
O champignons deſracinez,
Que vous eſtes tantoſt fenez!
Amis de la table ſeconde,
Amis flateurs de tout le monde
Sont Gelaſins, & ſouls-de rire,
Alterez, affamez. O Sire,
Combien y a-il d'elephans,
Qui ainſi que petis enfans
Tant & tant, & touſiours papiſent,
Et tant & tant ce Pape priſent
En toute leur gaſtrologie.
S'enſuyt, que par anagogie
Ils font vn merueilleux deuoir
Pour la grace du Pape auoir
Par leurs predicacations.

Ariſtippus aſſentator Dionyſio Siculo: Euripides Archelao Macedonú regi.

Vn cardinal chaſſe l'autre par chariôte Cardinale. Poures courtiſás de ſar cõnez.

Preſcheurs & eſcrimains en Papimanie.

Id eſt, de groſſes teſtes.

Papiſſare, eſt infantium more patrem appellare.

Gaſtrologia eſt de ventris ratione diſputatio.

Mais ces parafitations
Helas! helas! font trop cognues
Pour paiſtre de veſſes de grues
Ceux qui ouurent la bouche grande
Pour manger meilleure viande,
Et non point leur drogue eſuentee.
O beſace par trop rentee
Sur les contes de la Cigongne!
A Dieu vous di la rouge trongne
Si vous n'auez meilleurs appuis.

Sticot, dį
Elian Ger-
manique
ycimiſe
par allu-
ſion.

Sticot deſia fait le pertuis,
Par où ſ'eſpancheront vos bribes.
Vous Phariſiens & vous Scribes
Qui ne penſez que de la panſe,
Il ne faut plus qu'on ſe diſpenſe,
Il faut que ſolennellement
On marche le pas d'Allemant.
Or ſus donc marche là Iaquet

Cœnalis

Cœnalis.
Souppier.

Cœnalis, de qui le caquet
Auec ceſt Interim radote.
Et vous Monſieur de l'Antidote,

Rotier

Mis auant par ce vieil routier,
Qui porte nom d'Eſprit Rotier.

Spiritus
Rute-
rus.

O viande d'apoticquaires!
O diuins bouchons a clyſteres!

Qui

Qui veut cornets a fine espice
Frisez a barbe d'escreuice,

*Frere Le-
ger Bon-
temps.* Aille droict au moine Bon-temps:
S'il n'aime mieux le passe-temps

*Le preux
Antoine
Catelan.* Du preux Catelan Fripelipes,
Grãd docteur, grãd macheur de tripes

*Artus
Desiré.* Et puis ce badin Deschiré
De ses semblables desiré,
Digne pour mieux le resiouir,
Du vray priuilege iouir
De ceux la qui PASSENT PAR TOVT,
Nommez les fols iusques au bout.

*Guillot le
Porcher.* Et toy Guillot, & tes pourceaux,
*Frere Pi-
erre Doré.* Et toy asne adoré des veaux,
*Nicolas
Garnier.* Colin Garguille, ou bien Garnier,
Martinet Martinet, valeur d'vn denier,
Vous passerez tous, c'en est fait:
Et si en aurez coups de fouët
Pour mieux meriter Paradis.
Et puis vous docteurs de iadis,
Sus, venez qu'on vous meine paistre,

*Frere Io-
achim Pe-
rion.* Monsieur Perion nostre maistre,
*Nostre
maistre
Maillard* Monsieur le grand docteur Raillard,
Autrement le bougre Maillard:
Monsieur le singe PASSAVANT

Antoine Catelan, depuis desguisé ē Antoine du Val.

Afne derriere, afne deuant,
Autrement Antoine du Val,
Grand afne faifant du cheual.
Il faut bien dire, (o piteux cas!
Qu'il y a faute d'aduocas
Pour telle caufe maintenir,
Quand il faut pour la fouftenir,
Que des Afnes la Kyrielle
Portent le fais de la querelle.
O preux & vaillans Achilles,
Hola, ho François Hercules,
Voyez vous ces Monftres d'abus,
Ces gros VENTRVS, ces choux cabus?
Il n'eft plus temps de fe iouër:
Mais le temps eft qu'il faut rouer
La maffe pour les ruer bas.
Ores faut iouer de rabats,
Car c'eft par trop trop badiner.

Gardiner Chanceli or d'An-gleterre, horrible monftre.

Apres ta mort, o Gardiner,
Tes laquais & tes eftafiers
Furent Papiftiquement fiers,
Quand feirent bruire l'Angleterre.
Mais plus n'y a en cefte terre
De tranffubftantiation,
Vrayment l'inficiation

De

Liure de Gardiner pour la defense de la messe.

De la table de Verite
Te bailla toute authorite,
Et bouche en cour, iusques a dire,
Bouche que veux tu? D'en mesdire
Ne permettoit Iehan de Niuelle.

Elisabeth roine d'An- gleterre, a remis sus la vraye doctrine.

Maintenant la Roine nouuelle
Fait marcher droict toute escreuice.

SATYRE IIII.

DES SOVILLARS ET VTEN-files de la Cuisine.

Il faut commen- cer par les retraits, comme par le lieu de perfe- ction.

Conuets.

LECTEVR escoute
vn autre vice.
Ces Conuents du
monde retraits,
Sont de ce manoir
les retraits,
Et cuuier a buer les linges
De ces singesses & ces singes
Abominablement puans.
Regarde de puis trois cens ans
Quelles vieilles sempiterneuses,
En leurs cloaques veneneuses,
Font buée a ces Venerables.

Regarde (chofes miferables!
De meffieurs les Pharifiens,
Qui ne font tous Parifiens,
La forte & ferme hypocrifie:
D'Achab l'auare frenefie
A vfurper la propre vigne
De Naboth, qui luy eft voifine.
Regarde ce chapeau doré

Lefcine Papale. Orgueil & luxure bnã lieres princi- pales.

Qui veut de tous eftre adoré,
L'orgueil d'Aman, & la luxure,
Soit en Euefché ou en Cure,
Vuident, & de façon lafciue
Efpanchent en bas la lefciue.

Yurõgne- rie & gourmã a- dife bail- lent les eaux.

L'yurongnerie de ces preftres,
Et gourmandife de ces traiftres,
Auecques leurs vomiffemens,
Fourniffent a tous lauemens.

Rage & Tyrannie tordent & batẽt.

Rages & fureurs trefcruelles,
Auec tyrannie, font celles
Qui les fardeaux tordent & batent.

Rufe & fineffe ef- tendẽt & deftendẽt.

Rufe & fineffe f'entrebatent
A qui mieux tendra les drapeaux,
Qui feruent d'amufer les veaux.
Et puis pour fournir la partie

Chicqua- nerie plie.

Voyci venir Chicquanerie

Qui ploye toute la lefciue.
Ores, Lecteur, que ie n'eftriue:
Si tu n'es plein de morfondure,
Sens-tu point la puante ordure
Gras-bu- De ces retraits, & gras-bucz?
ez.
Graduez. Ie penfois dire graduez,
Plus a propos, quand ie m'auife.
Il eft temps qu'auec toy deuife
De ce qu'ores me femble bon,
Des vtils, du bois, du charbon
De cefte belle hoftellerie.
Le chariot Hoquelerie
Chariot Eft tiré au trauers des champs
de la
cuifine. Par miliers de mullets frafchans
L'eftroit chemin de Verite.
Des mullets la pofterite,
Baudets, afnes, & afnetons
Chare- Sont portefaix & charetons,
tons. Baiffans mollement les aureilles.
Ie vien aux chofes nompareilles
Qui font roft fumer, trotter pots:
Note bien, lecteur, mes propos.

    Il y a vn obfcur bofcage,
Creux bourbier, profond marefcage,
Voudrois-tu fon propre nom lire?

Bonnement ne le peux escrire,
Mais assez ie le te charbonne.
Tu m'entens desia, C'est Sorbonne,

Forest de la cuisine C'est le taillis, où ce bois coupent
Badaux François, afin qu'ils souppêt:
Et puis pour trinquer a gogots,

Charbon. Font charbons de menus Ergots,
Taillis, bois , & charbon ensemble.
Et qu'est-ce cela? que t'en semble?
C'est erreur (dis-tu) & mensonges.
A ce que ie voy, tu ne songes,
Ou prognostiques des cometes.
O dangereuses allumetes
Aux Chrestiens çà là espanchez!
Ie voy çà là des desbauchez,

Soufleurs Soufle-bourdes,& Soufle-estrilles
Soufle-chandelles, Soufle-grilles,
Soufle-calice a la gorriere,
Soufle deuant, soufle derriere,
Souflets d'orgues & instrumens,
Tous ces soufles,& souflemens
Exhalent le musc de latrines.
Ce sont vents de fausses doctrines,
Qui petillent dessous les busches
Des fallaces, ruses, embusches,

                              Confiscations

Confiscations aux preud'homs,
Puis ces preud'homs crient, Gardōs,
(Tefmoins & iuges corrompus)
Que nos deffeints ne foyēt rompus,
Et que le butin nous efchappe.
Chacun de nous le fien attrappe.
Pour toutes refolutions
Bruflons, bruflons par millions.
Gros, enflez de l'efprit du monde!
O vaiffeaux du Demon immonde
Ou font vos raifons, & vos fens,
Quand tenaillez les innocens?
    Mais il me prend deuotion
De faire yci defcription
De quels vtils, Caramarats
Vtenfiles de cuifine V fent leans. Les chats, les ras
Dents & babines y aguifent.
Toutes les eaux qu'és puits fe puifēt
Ne les pourroyent rendre lauez.
Vafes & ferremēs de la Meffe Car quant aux inftruments grauez,
Aux vafes pour manger & cuire,
Quoy qu'en dehors femblent reluire
Si tienent-ils de l'origine
De cefte puante Cuifine,
Sentans fes fards & fes ordures.

Quãt aux drapeaux, tapis, brodures,
Ils resemblent roses flaitries.
Le monde plein d'idolatries
Y a espanché ses sagesses.
Tout premierement les largesses
Des benoistiers & guipillons
Entre les mains de ces Villons
Sont espanchees aux moustiers
Auec leurs pilons vrais mortiers,
Qui tousiours me sentent les aulx.
Fy les vilains, fy les maraux,
Enchanteurs, & demoniacles.
Non, non, vos charmes, vos triacles
M'auisent que l'on les blasonne,
De ce mot, qui par tout resonne:
Qu'a tels pots sont telles cuilliers.
D'autres engins trois bons milliers
Ie puis conter tout d'vne tire.
Les grãd's croix, c'est de quoy l'ótire
Pour accrocher poures grenouilles.
Petites croix estoyent quenouilles
Des Fees, maintenant leans
Seruent de broches aux geans.
Les fons gras, pleins d'eaux reposees
Ce sont chaudieres composees

Diı

Du téps qu'on n'y prenoit pas garde.
Puis tu verras (dont Dieu nous garde)
Des sepulchres les beaux lardiers.
Et puis vois-tu ces gros pilliers?
Sont les chenets de la cuisine.
Lampes & cierges pour la mine,
A belles cordes suspendues,
Sont les cremailleres pendues.
Et bon gré, maugré bonnets ronds,
Grosses cloches sont chauderons,
Dessus dessous mis a l'enuers,
Qui bouillent tousiours descouuers.
Les lauabos, & les cortines,
Laue-torche mains, plats, platines,
Les mirelorets, menus plis
De ces menu-froncéz surplis,
Lourds deuãtiers. Nappes sõt nappes
Pour ceux qui sont vestus de chappes.
Et Messels, tailloirs. Candelabres,
Chandeliers. Les autels & marbres
Sont tables. Chair, pain, & gasteaux
Là se taillent de deux cousteaux,
De deux cousteaux en vne gueine.
Iadis quand en la mal-estreine
Proserpine son nom changea

En Papauté, & se chargea
De trois couronnes haut-cornues,

Cestadire du prince de l'air. Aux chalans descendus des nues
Ces cousteaux bailla trescruelle:
L'vn est la tranchante alemelle
De miserable oppression:
L'autre de persecution,
Et le glaiue trop chaud tranchant:
La gueine c'est du bon marchand

Vieux registres. De peau d'anguille l'escritoire,
Ou bien l'iniuste quaquetoire
De Bacchus, & de meint Satyre,
Qui tout le monde a soy attire.
Corporaux y sont a monceaux
Pour y essuyer les museaux.
Bref, tels fatras sont tant espes,
Que L'Olla, patella, tripes
N'en scauroyēt d'vn iour tant nōbrer.
I'en ay dict, pour m'en desgombrer
Iusqu'aux ferremens a rosties.
Boites auec les Sacristies
Sont les assortis rasteliers
De ces Iehan-pillots hosteliers,

Vitellii patina luxu notabilis. Qui cuident leur cuisine belle
De la Vitelline vaisselle,

                                    Esquelles

Esquelles les infections
Des Romaines affections
Par pourceaux graſſoyans de ioye
Sont portees deſſous la ſoye.
Teſmoins les gros gras grognements.
Ie voy, ie voy les ornements,
Ornements eſcleriaſtiques,
Ciels, lits, & toiles fantaſtiques,
Que filent poures aragnees.
O femmes, o filles mal nees!
Par le moyen de vos ouurages
Simples pimples. Petites mouches ſans courages
En ces filets tienent arreſts.
Aux vertueux & deſlet. Rompez Tauans, rompez ces rets,
Et fuyez ces vileins rideaux,
Qui couurent dix mille bordeaux,
Ou chacun Miſſotier repoſe.
Memento. Paix-là, il compoſe
Charmes, pour le monde endormir.
Il dort. il ſe prend a gemir.
Touſſez o femmes enrumees.

SATYRE V.
Banquet papal.

Cymbale & tabour sont les cloches.

V'est-ce là? Portes
sont fermees.
Tabours, cymba-
les de sonner.
Monsieur le Pape
veut disner
Auec les amis de son ventre.
L'vn deçà, l'autre delà entre.
Et soudain bancs & escabelles
Sont publiez. Payez gabelles.
Desia sont sur les autels beaux,

Autels, tables, cierges & chandelles en plein midi, enseignes du Royaume de tenebres.

Et belles tables, les flambeaux
De cire vierge. O mancipez,
A la mort, vous anticipez
En beau plein iour, nuit tant obscure!
Quel est tout vostre soin & cure
En ce tenebreux territoire?
La parole de Dieu notoire
Ne vous esclaire. Desuoyez
Fendez cest obscur, & voyez
Ce Soleil. Or sus. Lauabo.

Lauabo, ou Lauemens de mains.

De l'eau, de l'eau, maistre Dabo.

Courtoisie Sorbonesque.

Non Monsieur, vous irez deuant.
Mais vous, Monsieur le plus scauant:
Voire mais si c'estoit a prendre,
Maudit qui se feroit attendre.
Et puis Messieurs ces deslauez
Nous preschent que sommes lauez
Par sale & salé lauement.
Ibis [a] a donné le comment
De salubre purgation,
Aux prestres de la nation
De l'Egypte, en ceci suyuis
Par ces Caphars a mon auis.
Mais ils n'ont suyui leur conseil
A ne manger iamais [b] de sel,
Pour mieux chastete conseruer.
C'est grand plaisir d'ainsi resuer
A ces dieux [c] marins, & fecons.
Voyla pourquoy font si facons
Quand ils chantent le M V N D A B O R,
S'ils crient le D E A L B A B O R,
Il me semble veoir [d] sel espandre
Sur brebis, afin de les rendre
Plus salaces & prolifiques.
Passons iusqu'aux autres traffiques.
Ie me fasche des pauemens

[a] Purgationem, qua Ibis vtitur salsuginem adhibens, aduerterunt AEgyptii, apud quos sacerdotes nulla aqua lustrantur prius, quàm inde hauserit Ibis Plutar. de indu. animali.

[b] A salis v su abstinebant AEgyptiorum sacerdotes, adeo vt non salso pane velceren tur, idque vt castitaté inoffésa facilius seruarét, quú sal libidiné excitare dicatur. Plutar. in Sympolio.

[c] Dii marini sœcúdi numerosã prolẽ habent, apud Poetas.

[d] Pastores ouibus salem obiiciebant, vt salaciores redderetur. Plutar. de caus. natural. probl. 3.

De ces eaux, & arrousemens
Moites, relents, dont ces tondus
Communement sont morfondus,
Baueux, morueux, poussis, tousseux,
Aussi semblablement tous ceux
Qui sont amoureux de leurs toux.
A table, a table. chantez tous
Benedicite, Dominus.
Tantost nous irons dormir nuds
Au lict de fornication.
C'est la sanctification
Des plats, des seruices, & mets
Que vous dressez, o vrais gourmets,
Et vrays gourmans a gorge forte!
O bon Dieu! qu'est-ce que i'apporte?
Pain blãc, paĩ mollet, pain bourgois.
Vin blanc, claret, Latin, Gregois.
Et puis de tel pain telle souppe:
De tel vin aussi telle couppe.
Voyci arriuer l'asnerie,
Des regles de chancellerie,
Et toutes volontez mentales,
Decrets, aussi les Decretales,
Les Clementines sanctions,
Et telles predications;

Le paue-ment des temples, c'est a dire, de ceste cuisine, est relent.

Belle approbation de la sain Bete Caphardine.

La benedi Bien des Papistes, aussi bien dicte qu'entendue.

Le Pain & le vin.

Regles de chancelle rie, volon tez du Pape.

Decrets. Decretales. Sextes. Clementines.

Tout

Tout pain paiſtri au fõds des ſonges
De ce ſongeart, pain de menſonges,
Vin punais, vin de fauſſetę,
Quoy que ſoit hyuer & eſte
Doux a la bouche,& langue d'hõme,

Paſquillus eſt touſiours a Rome,
Qui preſche ſous nom de folie.
Le peuple volontiers follie
Murmurant de ce pain peſſime,
De ce vin auſſi nequiſſime,
Pain & vin de peruerſite.
De là vient toute aduerſite
Selon des bons le teſmoignage.
Bien ſcait iouer ſon perſonnage

Ce Sac-a pain,ce Broc-a vin.
Et qui ſera le Poicteuin,
Ou Poëte a vin qui le ſon
Par vne celeſte leçon,
Du pur froment ſeparera?
Et qui auſſi temperera
Ce vin d'eau?O prudent Staphile!
Ce ſera la truye qui file,
Si ie ſuis ſur ce fait deuin.
    Le premier ſeruice diuin
Cloches & matines commencent.

Et Primes en touffant s'auancent
De preparer la fouppe graffe.
Tantoft par vne mefme trace
L'INTROIBO marche, inuenté
De Celeftin pour verite,

Celefti-
nus Pa-
paEt in-
troibo,
Miffæ
addidit.

Le tout aux defgouftez falades
Pource que ceux qui font malades,
Ou le cuident eftre, font dignes

Philip-
pes roy de
France
XLI, or
dōna les
Decimes,
qui furēt
appelees
Saladi-
nes.

D'vne,deux,trois,neuf faladines,
Et pour les vertes cymagrees
Receuoir telles vinaigrees.
Abricots, prunes de Damas
Sont les fubtils, & longs amas
Des mots incognus aux fimplets.
Reuerences,genoux foupplets,
Inclinabo,mains iointes,bras
Eftendus,croifez de rebras,
Tourner deçà,courir delà,
Regarder bas, haut, çà & là;
Gronder,foufpirer, fe frapper,
Dormir, fiffler, en fin gripper,
Boire a deux mains, baifer la pierre,
Faire l'enfeigne de la guerre,
Voyla leurs brouëts,& leurs fauffes
Dōt ils fcauēt fourrer leurs chauffes.

Foyes

Foyes de veaux,poullets au grun,
(Quant eft de moy,ce m'eft tout vn,
Di-les fi tu veux carbonades,
Ou mieux autrement Sorbonades)
Sont les piteux & longs attraicts
Qu'on voit attirer a longs traicts
Le preud'hom meffire Gringoire
A l'aueu du Pape Gregoire.
ALLELVIAS, ELEIZONS,
Sont aloyaux de venaifons,
Entre deux plats chauds enchaffez,
Comme a cors & cris pourchaffez,
Pour feruir a Sardanapale.
Ede, bibe, la mort eft pafle,
Ce difent ces freres Gribouilles.
AGIOS, HIMAS, fôt andouilles,
Sauffiffes, ceruelats, boudins,
Haftereaux & falmigondins.
Freffures, hachis, faupiquets,
Sont Exorcifmes,bourriquets,
Adiurations, fortileges
A ceux qui fuyuent leurs colleges.
Puis vne botte de grans Meffes,
Me reprefentent pets,& veffes,
Pois & geffes (di-ie) & me femblent

Qu'a lentille & lupins reſſemblent
Cuicts a la fumee & gaſtez.
Chants fricaſſez ſont fort haſtez,
Et toutes autres choſes-faites,
Sont febues frites pour les feſtes.
Ly-nous Oger, & Montauban,
Et des ſaincts tout l'arriereban,
Au moins ce que tu n'entens pas.
Car il nous faut a ce repas
Vn mot d'epiſtre ou d'euangile.
Ce fait chacun eſt plus agile
Quand les reciprocations
Des orgues & bacchations
Par leurs douces fleutes ſe meuuent,
Tels aiguillons le cœur eſmeuuent,
Teſmoin le treſdiſcret Marfoire.
Ou bien ſi tu veux Teleſphoire,
Auecques ſon grand GLORIA,
Car la veſſelle gloire y a,
Au moins là où reluit la croix.
De là vient le gouſt de la noix
Pour l'approche de l'offertoire.
Cela ſert d'eſtuuee noire,
De brouet doré, de naueaux,
De poyurade, de choux nouueaux,

Qui de-
baccha-
bantur,
verban-
tur tu-
bis in
Diony
ſiis.

Ciuets

Ciuets, pourrets, & hoſchepets.
A table, o ſuppoſts non ſuſpects,
Humez ſouppes, taſtez bouillis:
Deſpenſes feruans de coulis
Aux enfans, qui de temps, & d'aage,
Ont diſpenſes pour mariage,
Et pour baſtars legitimer.
Deſpenſes de beurre eſcumer,
De manger des œufs, du fourmage.
Deſpenſes de faire charnage,
Au moins aux chats, & aux malades.
Deſpenſes de grands accolades
A deux, trois, quatre Venefices.
Deſpenſes a tous malefices.
Comme quoy? de femme taſter:
Deſpenſes, brief pour tout gaſter,
Deſpenſes d'abſolutions,
De graces & d'exemptions,
Deſpenſes ie di non diſpenſes.
Ma raiſon eſt, que ſi tu penſes
Combien vaut ainſi diſpenſer,
Tu diras que c'eſt deſpenſer
Argent de badaudes façons.
Quoy que ſoit, ce ſont les leçons
De ces corbinantes meſgnies:

Eaux propres a leurs compagnies:
Eaux qui ne seruent qu'a ternir
De verite le souuenir:
Eaux de Salmax effeminantes,
Troubles, quoy qu'elles soyẽt courã-
Eaux, qui pour toutes actiõs　(tes.
Apportent maledictions
A toutes poures brebis haires.
Et puis voyci ces Breuiaires,
Et vieux bouquins de haute graisse,
A foison, tant qu'ils se font presse
Pour repaistre ces chats pelez.
Patenostres, & chapelets,
Sont saffran, canelle, & espices,
Miraculeusement propices
A donner au potage goust.
Est-ce tout? Non. Voyci l'esgoust
De tant de feries & festes.
Les PRAESTA-QVAESVMVS des bestes,
Les tridaines, & les chansons,
Tant D'OREMVS, & d'oraisons,
Tant de Kyrielles, complainctes,
Suffrages aux saincts & aux sainctes,
Tant d'œuures, & tant d'actions,
Par supererogations,

　　　　　　　　　　　Dont

Dont Messire Iehan fait estappe,
Sont brouets passez par la rappe,
Brouets georgets fort bien rangez,
Galimafrees, blanc-mangez,
Haricots prés de la cuisson
Des oyes a la trahison,
Des fadesneffles du fat monde.
   Place toutes gens a la ronde,
Ie vous apporte. Quoy? Les rosts.
Rasez, caslez sous les garrots
Cognoissent par demonstratiues
Que les longues expectatiues,
Et belles coadiutories
Sont moelles de ieunes thories,
Ramiers, pigeons, leuraux, lapins.

Pluralité
de benefi-
ces.

Mais que disent happe-lopins
En cuisine? Que le banquet
Excellent, illustre, frisquet,
Est estimé, quand l'on se range
A son appetit, & qu'on mange
Aussi bien decà que delà.
Puis encor apres tout cela
A la desserte l'on apporte
Encore mieux en toute sorte.
Mais quãd on n'ha pour tout potage

e.i.

Que d'vne viande, on enrage.
Quoy que foit il en faut chercher,
Encores qu'on vende bien cher
Sans raifons & fans iugemens,
Des refernes les inftrumens.
Mais le faict des retentions
De tous fruits pour les penfions
Paffent ligour ioyeufement.
Vaccans en cour courtoifement
Sont a ces courtifans frippons
Poulles, poulfins, & gras chappons,
Et toutes beftes domeftiques.
Mais les fauuages, & ruftiques,
Plógeós, perdrix, perdreaux, phaifás,
Sont aux reuerends bien-faifans,
Recommandations, commandes,
Supplications, & demandes.
Nominations & hazars
De fes crottez maiftres és arts
Tienent lieu de hautes ferines
Appriuoifees aux farines
Des poures Benedicitez.
Eftats, offices, dignitez
Par la fcience des quoquaffes,
Sót canars, butors, & becaffes,

Et

Et menuise de tout sentier,
C'est le bœuf ª rosti tout entier
Pour triumphe a l'Imperiale,
Ou bien a la ᵇ Seruiliale,
Façon de soupper ᶜ populaire.
Les sueurs d'vn gris scapulaire
Sôt-ce pas sausses rousselines?

Les ᵈ ambubaies, les godines
Sous les vœus de ces bons chalans
Du celibat tant bien parlans,
Y sont plats de popons, concombres,
D'oliues, & citrons sans nombres.
Leur menu deuis, sausse douce,
C'est sausse, que qui ne les pousse,
Iamais ne vont, trescordiale,
Froide, bastarde, geniale,
Chacun le voit. & c'est vn beau

Seruice, que longe de veau:
Hoc est vn porteur d'escritoire.
Referendes du consistoire,
Cauteles, harpinations,
Brouillemens, inuolutions,
Proces d'officialite
Sont torteaux de grand qualite
Debroc'en boucque a mãger chaux.

Concubines.

Bastards & auortons estan fæ.

Chicanoux.

ª In cooptatione Imperatoris bos integer tostus dabatur populo ad lætitiam & triũphum.

ᵇ Seruilius Romanorũ primus aprũ integrum mẽsæ apposuisse fertur.

ᶜ Cœna popularis sumptuosa, opipara, quæ exhibetur populo ad magnificẽtiam.

ᶜ Ambubaiæ, Syriis sũt mulieres tibicinæ.

- Et puis Baudets, vos artichaux
Les dieux-vous-gards des courtiſãs.
Pourete, froid, faim d'artiſans
Sont lardons des roſts glorie ux.
Pans & coqs d'Inde harieux,
Cigoignes, herons, heronneaux,
Gras oiſons, tendres oiſonneaux,
Sont Eueſchez, Archeueſchez,
Grans paſtez de chair de pechez.
Et pour bien entendre le charme,

Antienes ou Anti-phones. Antienes ſont les vers de Charme
Syracuſan, qui a tous mets
Se prechantent. Ie te promets,
Ami lecteur, que les harangues
De ces Cagots ſont belles langues,
Langues (ie di) de rats ſalees.
Leurs raiſons tant bien embalees,
Sont pieds de porc a l'endormie
Qui ſe compoſe de mommie,
Et la dit-on ſauſſe d'enfer
Pour tous les plus froids eſchauffer.
Et Dieu ſcait comme on y aualle.
Mais le ſecret de la cabale,
C'eſt d'accointer la grand' Simonne.
Et quel roſt prouient de l'aumone

Charmus Syracuſiu̅ vtſcribit Athenæus, in ſin gula quæ ap poneren tur, verſiculos, ac parœmias pri mus con cinnauit

De

Des teftamens? dons & annates?
Et pourueu que Simóne flattes
Quoy que foit, tu auras de quoy.
Grand chere Balatrons. Pourquoy?

Balatro-
nes gulo
fi & per-
diri va-
caqtur.

Pour ce que tant vaut le pillage.
Grondez-vous maftins de village?
Impofts, collectes & gabelles
Sont mis fur vous comme rebelles
Pour tenir lieu de plats volages.

Effonages
tributs
fur les ha
bifans
des vil-
les.

Et puis c'eft fait, vos effonages,
Citadins, font belles oranges
Pour manger (o chofes eftranges!)
Vos corps tout morts a vn befoin.
Celuy qui premier eut le foin

Iuuen.2.
Qui pri-
mus mor
dere ca-
dauer
Sufti-
nuit,
nihil vn
quã hac
carne li-
bentius
edit.
Nã fcele
re in tan
to, & cæ.

D'en manger, penfez quel plaifir
Il eut. C'eft-là tout le defir
De ces charopiers, fi vn coup
En ont tafté.   Paffons a coup
Ailleurs, pour rire, & gorge rendre.
Et où? au Traifné par la cendre,
Chofe bien digne de fcauoir.
Mais bouche & nez clos faut auoir,
A ce que cefte punaife
Ne nous monte en la fantaifie
Par les trippes de nos cerueaux.

Lecteur, font des brides a veaux,
Aliâs, aux afnes chardons.
Quoy? Indulgences, & pardons:
Chardons, pardons prodigieux,
Monftres & mets contagieux
Tournez a cefte gourmandife:
Ceux qui tienent de conardife,
En pafferont en purgatoire,
Par le feu qu'ils difét trotoire,
Ainfi que celuy de ªSicile,
A ce feu c'eft chofe facile
De roftir les ames de ceux
Qui font & ferónt pareffeux
D'en mãger, voire des racines
Cuictes de ce feu és fafcines
Et bois de fatiffaction,
Pour par recidiue action
A la grand'mode ᵇelephantine
ᶜCothonifer iufqu'a l'angine.
Mais fi les bons peinctres font creus,
Plufieurs qui en ce feu fout veus,
Portent barbes. Delà ie di
Que ce feu-la eft refroidi,
Et plus ne peut viandes cuire.
Mais cependant fi faut-il dire

Que

ª Ignis in Sicilia, tefte Guil. Parifienfi, agit in animas nã corpora non lædens, animas propinquantium intolerabiliter cruciat.

ᵇ .i. Quantum elephantus ebiberet.

ᶜ Cothonifare, eft largius bibere.

Que les os des saincts trespassez,
Sont reliquats froissez, quassez,
Dôt la moelle est bône au mesnage.
O miserable badinage?
Tesmoîs les instrumês sainct Claude.
Cuilliers, siflets, simplesse, fraude,
Sont les instrumiens de la chasse.

Baelze-
bub, ido
lũ, qua-
si domi
nura mu
scarum
dicas.

Belzebub, voyla seure chasse
A prendre mousches au passage.
Ha monde, quand seras tu sage!
Quant est de moy, certes ie tremble
De voir ces trois choses ensemble,
Chrestiens bouillis, roustis, treinez

*Anthro-
pophages,
ç. Perse-
cuteurs,
& meur-
triers des
fideles.*

Iusques aux cendres. N'estre naiz
Mieux vous vaudroit, Anthropopha
Pis il y a, o Theophages,   (ges.

*Theopha-
ges, c'est a
dire, Mã
gedieux.*

*Le prestre
mange
tout.*

Que pour vostre dernier renfort
Vous mangez dieu côme vn refort.
Place, voyci le mauuais riche,

Hic Euã
gelicus
ille di-
ues epu
latur
splendi-
dè, mox
descen-
surus ad
inferos.

Prodigue a soy, aux poures chiche,
Iusqu'a espargner les miettes.

*Diacres
& sou-
diacres
sont escuy
ers tran
chãs, qui
ont part
au gas-
tean.*

Toutessfois si ami vous estes
Môsieur l'escuyer, bien & beau
Vous en tasterez vn morceau.
O gracieux allechement!

O le plaifant efbatement,
De veoir ainfi ce grand Gallifre
Danfer aux orgues & au pifre,
Et puis en fin ietter fa patte
Deffus ce poure dieu de pafte:
Faire dix mille tours d'efcrime:
Parler a luy en profe, en rithme,
Iufqu'a tant que l'heure le preffe
De le crocquer, & de vifteffe
S'en donner au trauers des dents,
Hors mis ce qui tombe dedans
Le calice a la fouppe au vin.
Voyla pas vn banquet diuin
Pour les viuans & trefpaffez?
Voyla pas pour fouler affez
Auecques trefprecieux mets,
Tous ceux qui n'en taftent iamais?
O dieu trefdigne qu'on le mange,
Qui de fon mangeard ne fe vange!
O le mal-heureux, qui t'oublie
Iehan blanc, trefprecieufe oublie,

Paiftrie de fine farine!
Regarde o mordant, ta Corine
De mea culpa tormentee,
Cela te fert de fromentee,

D'auena꞉

D'auenat, de millet, de ris.

Mais garde les morceaux pourris,
Qu'on peut appeler par honneur
Proprement le droit du veneur,
Ou bien le droit du Cuifinier.
Mais a qui fe doit on fier?
Quoyq̃ ces morceaux rien ne vaillẽt,
Ces cuifiniers a nul n'en baillent.
Vray eft, qu'aux Pafques humblemẽt
Ils font affez petitement
Deuoir de donner l'appetit
De deuorer le dieu petit,
Mais il faut que ce foit fans boire.
I'en efcriray mon auis. voire.
En lieu d'vne telle ᵃfportule,
Vne veruecine fpatule,
Ie le peux dire, en foupper droit,
En toutes fortes mieux vaudroit,
Encor'en plat ᵇDemocratique.
Mais quoy? Par couuerte practique
De feul pain le peuple nourriffent,
Ou tuent pluftoft & meurtriffent,
Et ce notamment le Dimanche.
Bras feculier, ou pluftoft manche,
Ie mefbahi a quoy il tient

Que tu ne ſcais, qu'il appartient
Ainſi traitter les chiens, & chienes.
Le but des opinions mienes,
C'eſt qu'il faudroit paiſtre de raues
Ces graues Rabis ainſi braues
Qui ſur leurs traiteaux Satrapiques
En ſuyuãt touſiours leurs prattiques
Boyuent du meilleur a foiſon.

Pluſieurs empoiſonnez dans le pain & le vin de la Meſſe, cõme les hiſtoires le teſmoignent La Papauté vit de Veſſes, autremẽt de Meſſe. Cependant gare la poiſon.
Voyla le doux-amer venin
Qui fait viure maiſtre gonin,
Et tous ſes ſuppoſts en ſa terre.
Lecteur, ſi tu te veux enquerre
De la deſſerte, & des frutailles
Qu'apportent dix mille marmailles
Aux Sybarites, pleins cophins
De figues, pruneaux, les plus fins
Sergius pape ad-iouſtal'Agnus deia la Meſſe, apres qu'on ſ'eſt plenemẽt mocqué du ſacrifice vnique de Ieſus Chriſt. Entendront que c'eſt le deſſert,
Que Sergius nous dit, qu'il ſert,
Quãd ſon grand AGNVS il deſchãte.
Tant que pour dragee alleſchante
A la fin la crapule eſchappe.
Quand Meſſire Iehan porte chappe
La veſſe a faite, & Meſſe dite.
Ie ne veux vſer de redite,

Meſſe

Mots vi-
leins &
chofes vi
leines. Meſſe, veſſe, ſi tu as ſens,
C'eſt tout vn, ils ont meſme ſens.
I'ay tant trauaillé que i'en ſue,
En deux mots acheuons l'iſſue.
Sexte, Nonnes, Veſpres, Complies,
Sont belles corbeilles remplies
D'aſnet, & d'aſnis pour la couche.
Incidentalement ie touche
Vn poinct, qu'a chacun mets & plat
Moreſques debout, & de plat
Y fait la folaſtre meſgnie.
Dieu gard de mal la compagnie.
Voyci les nuicts de Noel, nau.
Saint Iehan ſ'endort au treffonau,
La feſte au fols ha touſiours lieu,
Teſmoin la belle feſte dieu,
Dieu entre deux fers chaux formé,
Et puis par vn ſouffle charmé,
Auſſi toſt ſoufflé comme vn verre.
Voyla comme dieu vient ſur terre
Pour eſtre auallé ruſtrement,
Ou ſerré bien eſtroictement
Dans l'armoire a Meſſire Iehan,
Voire pour n'en bouger de l'an
Iuſques a la ſaiſon des roſes.

Adonc armoires font defclofes,
Et le prifonnier ha loifir
De prendre vn matin fon plaifir.
Mais le poure dieu eftourdi
Et de fa prifon engourdi,
Ne va a pied ni a cheual.
Ains de peur qu'il fe face mal,
Vn bel ASNE a deux pieds choifi,
Porte monfieur le dieu moifi.
O la belle proceffion!
O trefriche deuotion
Des aueugles en beau plein iour.
Alors que chacun a fon tour
Portant fa torche, monftre bien
Qu'en plein midi il ne voit rien.
Mais quoy? c'eft raifon que ce dieu,
Qui a efte forgé au feu
Ne foit fans feu. Et de là vient
Que par feu auffi fe maintient.
O qu'il eft doux & gracieux!
Il n'eft point de ces harnieux,

Ainfi ces Qui ne font que picquer & poindre,
mange-
dieux fe Et voudroyẽt volontiers cõtraindre
marquent
de la A croire que Dieu damnera
vraye re-
pentance Quiconque ne f'amendera.
Chrefti-
enne.

                                                    II

Il endure tout ce bon dieu.
Il va, il demeure en vn lieu,
Quand on veut il monte & deuale,
On s'en ioue tant qu'on l'auale.
Bref, ce n'eſt rien que patience
De ſon faict. O belle ſcience
Pour eſtre ſauué a ſon aiſe
Mangeant ſon dieu, ne luy deſplaiſe!
Mais en fin, docteur tres-ſubtil,
Ce doux dieu que deuiendra-il?
Il faut bien qu'il demeure au ventre,
Ou ſorte par ailleurs qu'il n'entre.
Paradis doncques en effect
Sera le ventre ou le retraict.

SATYRE VI.

AVTRE BANQVET PAPAL DE
Penitence papale, & autres menus ſeruices.

IE PASSERAY AV
fanfariſme,
Au banquet peni-
tentiſſime
Des mets que i'ay
veus ſeparez,
Auecques beaux oignons parez.

Caſ

Cas merueilleux! grand cas! qu'ainſi
Toute ioye tourne en ſouci
Pourueu que ſa ſoupe on varie.

Careſme entrant. Cognois-tu l'homme qu'on charie
Auec trois fallots ſur la teſte,
A qui tout le monde fait feſte?
Monde hebeté, môde abbruti,
Qui par le bouilli ou roſti
Penſes meriter plus que douze
Pour aller iuſqu'en paradouſe.
O ieuſne fort bien commencé
Quand on ſ'eſt ſi bien auancé
De creuer, que de ſix ſepmaines
Ne defaudront les panſes pleines!
O grimace bien reſoluë,
O trongne de bec de morue,
Monſieur le penitenciaire,

Les papi-ſtes oubli-ent a Ca-reſme-prenant qu'ils ſôt hommes. Maiſtre queux en l'art culinaire,
N'oubliez pas de dire en ſomme,
Souuiene-toy que tu es homme.
Car au iour d'hier, a la feſte
Sainct Panſart, chacun ſe feit beſte,
Et vous des premiers ce dit-on.
O bel & gracieux dicton!
Quand monſieur le veau ſe proſterne
Deuant l'adoubeur de lanterne

Qui luy creue les yeux de cendre,
Afin de rien veoir ni entendre.
Et puis, o grande penitence!
O bonne & blanche conscience!
Quand on craint iusques aux images,
Et faut leur cacher les visages

pourquoy
on cache
les ima-
ges en
Caresme.

De peur que les aueugles mesme
Ne voyent les fols de Caresme.
Et voyla pourquoy a l'instant
Pour les faire rire d'autant,
Il faut desployer ces drapeaux,
Autrement ces brides a veaux.
Il n'est cherte que d'huile & cresme,
Durant le sainct temps de Caresme.
O quatre-temps! o Vendredis!
O Vigiles! O Samedis!
O qu'elle est maigre l'ordonnance
De la culinaire abondance,
Et des Papelastres seruices,

Ieusneur
crenfaicts.

Ieusnes aux barbes d'escreuices.
Secourez-moy, le cœur me faut,
A bien sauter reculer faut.
Comme l'on dit communement.
Ainsi vn coustumier gourmant
Quand il veut boire a plene teste,

Ieuſne la veille de la feſte,
En attendant le mardi-gras.
Les interdits, & les aggrafs
Sont des tortues precieuſes
Aux gueules ſuperſtitieuſes,
Pourueu qu'ils ſoyent ſophiſtiquez.
Que ſi pour peu ſont pratticquez,
Mortel appreſt! Mais par prudence
Anathemes courent en dance,
Et puis entrelacez ergots
De ces caphars, ſont eſcargots.
Beurre frais, fourmages fondus
Sont LIBERAZ, les mots perdus
Des treſpaſſez : De profundis
(Enten lecteur, mes profonds dits)
Sont condimens, & eſtuuees.
Es REQVIENS ſont retrouuees
Les carpes de douce riuiere.
PLACEBOS de triſte matiere,
Eaux beniſtes, QVI LAZARVMS
Auecques mille ELEIZONS
Et FIDELIVMS gringotez,
Les Bone Ieſu deſchantez,
Sont creſſon, & houblon. Reſponſe,
C'eſt le reſpon que l'on enfonce
                                    Pour

Pour les morts en temps importun.
O les anguilles de Melun,

De ceux qui font faire leur seruice de nant leur trespas.

Qui deuant que la mort les touche,
Ont si belle peur de la touche
Qu'ils n'en font que hurler & braire!
I'ay grand'pitie de vostr'affaire
Qui criez sans qu'on vous escorche,
Anguilles qu'on prend a la torche,
Bouillantes a la galantine,
Ou plustost a la serpentine.
C'est tout vn, presens, ou absens.
O perfums, nideurs, & encens!
O toutes fumigations,
Portez-vous les purgations
Des pechez deuant Dieu là bas?
Là bas encensiers, & cabats
S'en vont, caphars. Vostre Pluton
S'en repaist ioyeux, ce dit-on,
Ainsi que de vos sales mines.
Ie sen les fausses Salamines
De la iustification.
Est-il vray que saluation
Depend de nos faits charitables?
O sots, qui vous rendez comptables
A la rigueur! O mere sotte

Qui s'arreste ainsi a la quotte
De ses fantastiques biens-faicts
Deuant Dieu, qui hors & infects
En toute rigueur les repute.
Le Seigneur par grace suppute
Tout au proufit du receueur.
Trop est glorieux le resueur,
Et tous les supererogans
Sont ingratement arrogans,
Auec leurs viandes mal cuites.
Mais les merites, sont destruites
A ces veaux peres confesseurs.
A ce propos, ces grimaceurs,
Sous espoir d'amende & de multe,
Font en cuisine grand tumulte,
Si quelqu'vn par cas d'auenture
Es maigres iours prend nourriture
D'vn petit morcelet de lard,
Tost il faut faire a l'aureillard
Aureillarde confession.
O que telle profession
Amene d'eau aux grans moulins!
Puis ces harpaillons, & Colins
Qui viuent tous de penitence,
Font tenir bonne contenance

Aux dames des propos menus.

I'ay veu perſonnages chenus,
Qui contrefaiſoyent bien la mine,
Et paſſoyent en groſſe eſtamine
Leurs brouëts, brouëts purs & nets :
Brouëts purs & nets? Mais punais:
Plaiſans neantmoins a la chair,
Qui ne veut perſonne faſcher
Pour obtenir meilleures proyes.
Alouzes, Merlus, & Lamproyes,
Eſturgeons, Saumons, & Tonines,
Chiens de mer, Anchois, & Sardines,
Harencs, Mouluës, Soles, Seiches,
Sont là de pris, ſont Meſſes ſeiches,
Meſſe a cheual, a l'eſtriuiere,
Meſſe qui court comme riuiere,
Meſſe petite, Meſſe grande,
Meſſe maigre, Meſſe friande,
Meſſe de poſte, baſſe & roide,
Meſſe eſchauffee, Meſſe froide,
Meſſe à notes, Meſſe a diacre
Meſſe de ſainct Iehan, ſainct Fiacre,
Meſſe du iour de la ferie,
Meſſes de fratres, de ferie,
Meſſe de la fondation,

Meſſe pour la deuotion,
Meſſe a Trentain, Gregoriẽne,
Meſſe que chacun dit la ſiene,
Meſſe vuide, Meſſe a l'argent,
Meſſe a baſton comme vn ſergent,
Meſſe de chaſſeur, de gendarmes,
Meſſe d'auenturier, d'alarmes,
Meſſe de pechez, de remords,
Meſſe de requiem, des morts,
Et toutes enſemble ſalees.
Grand cas! Si les as aualees,
Guari ſera des eſcrouëlles,
Des morſures des chiens cruelles.
Viandes contre Epïlepſie,
Contre Caq'-ſangue, Apoplexie:
Viandes, en briefue parole,
A guarir gouttes & verole,
Brief, contre toute maladie,
Et pluſieurs autres. quoy qu'on die,
Pour touſiours ſante retrouuer.
Ie di plus, pour argent trouuer,
Et gaigner en cour ſes proces :
Pour auoir par tout ſeur acces,
Et proſperer en beaux deſirs:
Pour auoir par tout ſes plaiſirs,

Et tout le iour eſtre ioyeux:
Pour iamais ne deuenir vieux,
Et viure ſans cuider mourir:
Pour les bons treſpaſſez guarir,
Et ſans grande melancholie
De hors de la roſtiſſerie
Les tirer par guindal aux cieux.
Mais Meſſire Iehan chaſſieux
Iure qu'auant que les laſcher,
S'en ſeruira pour en maſcher,
Et les tirer a belles dents.
Nos maiſtres ne ſont diſcordans
Sur ce que ſans omiſſion,
De tous pechez remiſſion,
En maſchant Meſſes, ils reſentent,
Et en les maſchant tous conſentent,
Qu'elles nettoyent nos forfaicts,
Tant, & ſi auant par effets,
(Comme courent propos hardis)
Que nous irons en Paradis
Veſtus, chauſſez, en chair en os.
LeTEROGAMVS AVDINOS
Entend (ce que ie fay auſſi)
Que le monde mourroit tranſi
Sans Meſſe. A Dieu la bonne chere.

O que tu la nous vends trop chere

Maiſtre Baſteleur! Ouure, mange,
Mon vallet(dis-tu)c'eſt orange.
I'empoigne,ie ſerre,ie leiche.
Fy,c'eſt fiente de porc ſeiche,
Ton orange,ta meſſe,Maiſtre.
Deſormais,ô peuple repaiſtre
Veux tu de couuertes ordures?
Tu ne vois dehors que brodures,
Or,argent,mais dedans pinſer,
C'eſt de quoy pour tes dents rincer,
Et d'horreur trembler, & fremir.
Yci,peuple,te faut gemir,
En auallant ces cocſigrues.
O vous de mon pays les Grues,
Qui ſans meſure en eſtes chates,
Depuis quand, Oiſons, ne leſchaſtes
Les baiſe-mains,& les platines?
Grec,Hebrieu,paroles Latines
Tout par tout,meſme és Letanies,
Et miliers de ceremonies,
Sont les appaſts dont ils attirent
Tous les pigeons qui ſ'y retirent,
Auecques vn cœur patient,
Pour ſe tromper a ſon eſcient.

FRANC

FRANC ARBITRE est de sa nature
D'assez bonne temperature
Pour en faire digestion.
Que si l'on fait la question
Selon Dieu & sa verité,
Le Cuisinier plus deshonté
Dira que quand il luy plaira,
Paradis pour luy s'ouurira.
Bref, toutes les truffes des champs
Amassees par ces marchans
Là en plein marché sont en vente.
Ma plume n'est pas tant scauante
Qu'elle sceust toucher nommément
Ces viandes: iournellement
De toutes fresches ils en donnent,
Et tellement l'espice ordonnent
Par ce beau Romain condiment,
Qu'elles s'auallent doucement
Iusqu'au cœur, qui, s'il ha raison,
Sentira soudain la poison
De ce grand, grand, grand rostisseur.
Ie te di, lecteur, pour le seur,
Que sont les plats d'abusion,
Les plats, plats de confusion,
Ensemble toute la doctrine

Qui fort de la bouche & poictrine
De ce redoublé Pamphagus.
C'est pourquoy mes coufteaux agus
Ont confufément & fans ordre
Sur ces viandes voulu mordre.
Le bouilli a la mode antique
A receu la premiere picque.
Le roft fubfequutiuement,
Et ce qui fuit, haftiuement
S'eft prefenté.& le tout rien.
Mais ce rié vaut Dieu fcait combien.
O que ne fuis-ie Pape, ou Roy!
Romains, pour tout certain ie croy,
Comme vous eftes fourbiffeurs
De nappes, de verres rinffeurs,
Artifons de caues, chopins,
Rouges Bons-temps, freres-lupins
Qu'auez toufiours vn pied en l'ær,
Pour bondir, baller, fringaler,
Ainfi qu'efgarez ablatifs,
Auez vifages potatifs,
Nez cramoifis,& de couftume
Hauffez le temps.Le feu f'allume
Cependant en vos gofiers frais.
Vos predeceffeurs a grans frais

Les Papes Romains ont gaigné sur ceux de Constantinople.

De l'Asiatique victoire
Prindrent heureusement la gloire
De bien cuisiner. vous aussi
De cuisine auez grand souci.
Car par vous ce vil ministere
De cuisiner, est haut mystere
De grande reputation:
Tant que par computation
Vous baillez grande recompense
A vos Athletes. Et ie pense
Qui'l n'y eust onc ni Epulons,
Ni Lupercaux, ni Helluons,
Milesiens, ni Sibarites,
Ni gorges grandes, ou petites,
Ni cuisines, ni cuisiniers
Qui autãt en sceussent du tiers.
[a] O loy Antie! o loy Fannie,
Loy Didie, loy Licinie,
Approchez. o Corneliane,
Et toy aussi loy Iuliane,
Dormez vous? De vos promptuaires
Sortez toutes loix Sumptuaires
Contre toute lasciuete.
[b] O lasciue excessiuite,
Qui iamais n'es de peu contente!

[a] Leges apud Romanos latæ ad cohibendam viĉᵗ luxuriem, & conuiuiorum sũptus immodicos.

[b] Lucanⁿ, O prodiga vêtrũ luxuries nunquã paruo cõtenta paratu! Et quæ totũ terra pelagóque ciborum Ambitiosa fames & lautæ gloria mensæ! & cæ.

O gloire de table flottante
Sous l'ardeur de soif vicieuse!
O faim par trop ambitieuse
Qui mer pesches, & terre chasses,
Et to'teps tout par tout pourchasses
Tous tes appetis dissolus!
Qui n'entendra a ces Goulus,
Iusques aux os nous mangeront,
Voire nos os ils rongeront
Acharnez de cruelle rage.
Mais quoy? Il faut prendre courage.
O vous ensanglantez Romains,
Voyci l'eau forte en puanteur.
Le dict est vray du bon autheur,
Que moins lauees sont mains nettes.
Si trop par trop ignorans n'estes,
Papistes, vous scauez ceste eau
Auoir sa source du ruisseau
Dont print Pilate pour forger
Sentence, & Iesus Christ iuger
A la mort. Cruels garnemens,
Puisez-vous par vos lauemens
En ces abominations,
Horreurs, & condamnations
Que sur les Chrestiens prononcez?

                                    Assez

Assez pieça le denoncez
Par vos exploicts, sanglās bourreaux.
Voyez voyez foudre & quarreaux
Tomber, vostre punition.
O Senat de perdition,
Iamais la Foy n'entendras-tu?
O peuple sot, peuple testu,
Scais-tu bien a quoy tu consens?
Approchez-vous, o innocens,
Constās, hardis, sans peur, sans affre,

Fideles Pour seruir a ce grand Galaffre
innocens Apres disner de Peauristes,
seruent de Histrions, Ludions, Cheristes,
plaisir a Pantomimes, Aretologes.
ces Papa- Vos cris, helas! sont horologes,
lastres. Et aduertissemens de l'heure.
Cà, çà Loquebauts, sans demeure,
Si vos pasts sont pernicieux,
Vous estes du moins gracieux.
Car vostre grand disner desire
Courtes graces. Dit le Messire,
Agimus tibi. Beata
Viscera, Inuiolata,
Sans oublier Fidelium.
Amen. Puis, fier comme vn Lion.

Gaignons les pardons ſans payer,
Dit-il, & pour nous eſgayer,
Vous ſoyez les treſ-bien venus.
Bacchus & Ceres, & Venus
Que demandent-ils? De la panſe
(Ainſi que l'on dit)vient la danſe
Sans dilations, ni delais.
Cà maiſtre Iehan du Pont-alais
Vn ſaut a la mode Ionique.
Pour nous garder de la cholique
Allons a monſieur ſainct Trottin.
Ha monſieur ſainct Alipantin
En ta chappelle l'entrepas
Ie ſuis venu de mille pas
Empetré de mille folies.
Garde-nous de Melancholies,
Car trop mieux vaut rire & danſer
Que touſiours ainſi grimacer.
Sus donc que la ſoif on eſtanche.
Mais on maintient a ville franche
Que bien toſt des Rogations
Se feront abrogations
Ainſi que des vieilles Februes.
Deſia chacun parmi les rues
En parle, & moy, i'en fay la cire.

Februæ,
ꝗbus om
nia male
faꝛta ex-
piabātur

                              Chacun

Chacun delibere d'en rire.
C'eſt faict, l'arreſt en eſt donné.
Mais ſera-point tantoſt borné
L'eſcrit de ma melancholie?
Non, non, il faut qu'a plein ie die
Comment i'ay eſte agacé,
Et en cuiſine tracaſſé,
Comme i'ay tant couru, trotté,
Que i'en ſuis iuſqu'au dos crotté
Pour payement de mes iournees.
Meulles deſſus deſſous tournees
Furent par moy : mais de mouſtarde
Nul grain. Là c'eſt graine baſtarde,
Que Chreſtienne philoſophie.
Car pas vn ſeul d'eux ne ſ'y fie.
Mais ſi faut-il pour mon plaiſir,
Quils prenent ce iour le loiſir
D'en taſter a mon appetit.
Venez Gueux petit a petit,
I'en vens, i'en baille. Mouſtardi?
Qui eſt de vous le plus hardi?
Nul ne vient. Seigneur, quãd ſera-ce
Que ceſte tant Payenne race
Verra ce prouerbe en vſage?
Le monde (o Pape) n'eſt pas ſage,

Dont les enfans en vont legers
A la mouſtarde.O quels dangers
Si vn iour ma mouſtarde fine
Leur prend le nez en leur cuiſine!
Non que ie ſois vn vieil roſtier,
Qui ſcache trop bien le meſtier
De faire par tout la recherche.
Mais ſi ay-ie vne longue perche
Pour haut & bas la ramonner.
Ces chiens ne font que marmonner.
Ie voy coq en haut,chat çà bas,
Rates,ratons a leurs eſtas
Brauader,marmoter,courir,
Supporter,empoigner,mourir.
 Qu'eſt ce a ce coin?C'eſt trop ſõger,
Le retraict,& Garde-manger,
Et tout en vn le Garde-a boire.
O le peſtifereux Ciboire,
Plein de vermine,& reliqua!
La ſouri point ne repliqua,
Quand elle fut au briquet priſe.
Du chien Maigret fut l'entrepriſe
Bonne,qui tant en aualla.
Hola(dict quelqu'vn)qu'eſt ce-là?
Ha (dict vn docteur bien poſé)

C'eſt

C'eſt poix, ou poiſon repoſé,
Plein de tignes, ou vermiſſeaux.
C'eſt vieille marec. O morceaux
Douteux! o quell'hoſtellerie!
O mort! o la ſommellerie
Des nocturnes potations,
Crapules, liguritions,
Et non ordinaires licences!
Voyons, toutes les inſolences
Qui des ans ſont paſſez vn mille
T'ont donné (o gloutte famille)
Dequoy baſtir ceſte Cité.
Ie voy tout. O peruerſite
De tant frequentees popines!
O vous qui vous paiſſez de mines,
Combien de fois iouez l'annee
La condamnade condamnee
Auec ces aſſeurez pipeurs!
O des biens du monde attrapeurs,
Dreſſez-vous pas ainſi le ieu
Pour auoir de quoy voſtre feu,
Et la cuiſine entretenir?
Ie ne ſcaurois plus m'abſtenir
Que vos ſaincts, mais feincts ſacrifices,
Idolatries, malefices

Libertins & Epicuriens.

Ne mette en auant, Protheistes,
Vieux & vermoulus Atheistes,
Ordure du siecle, où nous sommes,   *Epicuri degrege porcus.*
Sales pourceaux, & non plus hómes,
Plus a fuir que toute peste.
Ce propos t'est assez moleste
Homme brutal. Non pas? Non pas
Pour en perdre d'vn bon repas
Vn coup de dent. Viene qui plante
Pourueu que la table opulente
Soit d'accord a ta martin-gale.

L'orgueil leuse Papauté es-brālee par Martin Luther.

O Papimanes, Martin gale
Pieç'a le dessus de vos crestes.
C'est vous qui iours ouuriers & festes
Sans fond a ces profusions
Foncez iusqu'a effusions
Du sang des Chrestiennes brebis,

Moines, faits Cardinaux pour auoir persecuté la verite. Source des Caymāderies des Mendiaus.

Dont vous portez rouges habits:
Tant est excessif vostre escot.
Aquin, Albert, Lyra, l'Escot,
Holcot, Bricot, Tricot, & tels
Gros cuisiniers des vieux autels,
Ont-ils pas du vieil Testament
Au nouueau conduit iustement
Les decimes sur le colet

De

De meint poure frere mulet,
Et enfeigné repeuës franches,
Pour auoir trippes les dimanches,
Et du poiffon les vendredis,
Du pain, du vin les mercredis,
Et du roft toute la fepmaine ?
Venez chalans, ie me pourmeine.
Monfieur de Cornibus crioit,
Aux Lutari, chacun prioit
D'ouir fa replique & defenfe.
Le Papiftic martyr Roffenfe
Scait affez a quoy f'en tenir.
Eccius eft pour fouftenir
Du purgatoire l'auantage.
Tout conté, c'eft bel heritage
Qu'apres grignoter, a la nappe
Torcher fon bec, & puis la chappe
Ietter fur fon dos mol & tendre.
Ainfi feit le grand Alexandre.
Mais ie veux faire fur cela
Quelque compte. Villon alla
En tauerne auec fes ribleurs,
Puis apres boire des meilleurs,
Voyci a la fin venir l'hofte
Pour conter. Adueint que de cofte

Se trouua pour lors vn preud'hóme,
Qui ne fcauoit que c'eft de Romme,
Et n'en penfoit ni bien, ni mal.
Vien çà (dict Villon) Animal,
Que ie te bande les deux yeux.
Hofte, il ne void terre, ne cieux.
Sus haftiuement cachons-nous.
Le prins payëra tout pour tous:
Voyla ma loy. Villon defmarche
Au pris que le preud'hóme marche.
Bref, il fort dehors de compas.
Ses compagnons ne dorment pas,
Ils fuyuent en faifant filence,
Tant que chacun dehors fe lance.
L'hofte en vn coin ne difoit mot.
Le preud'homme cóme vn marmot
Ne fait que bras & mains eftendre.
L'hofte rit, & fe fait entendre.
Preud'hóme court: l'hofte s'eflógne.
Ie te pren, dit il, ie t'empongne,
Vous autres en ferez tefmoins.
L'hofte, qui ne penfoit rièn moins,
Quand il s'eftoit mis a l'efcart,
Apres auoir fceu le depart
Des galans, faifant du fubtil,

                                    Preud'-

Preud'homme,tu payeras,dit il:
Car en me prenant ie t'ay pris,
Et ne fortiras du pourpris,
Que le payëment ne foit faict.
Verite eft telle en effet,
L'hofte eft celuy,qui par Villon
(C'eft le Pape,ou le Papillon)
Et par fes gens(fale preftraille,
Gens marchans de nouuelle taille)
Eft deceu.Quell' inuention

*Priuile-
ge d'exë-
ptions de
la fubie-
ction des
princes.* Pour fuyr iurifdiction
Royale en difpute d'efcholes!
Quel droit!quelle loy!par bricoles
Le Roy porte tout fur fes coffres:
Et toy paoure peuple tu t'offres
Portant fur tes yeux le bandeau.
Ne t'esbahi donc du fardeau
Des impofts,ni exactions.
Car contre toy les actions

*Ces baffe-
leurs ne
veulent
pelue qu'õ
regarde
en leur gib
biçiere,
& moins
encores
qu'on lise
l'efcritu-
re.* A ces moyens font bien parees,
Et mieux encor executees.
Cuidez-vous qu'efcrire ie l'ofe?
Ils veillent,(merueilleufe chofe!)
A couurir comme feu de nuit,
Les myfteres du iour qui fuit

g.ii.

Parmi l'obscur de leur magie.
O religieuse clergie!
Faut-il (disent-ils) publier
Sacrez secrets, & oublier
La populaire indignite?
Ils monstrent la Diuinite
Des religieux anciens,
Perses, Brachmans, Ægyptiens,
Et puis ils alleguent Mercure,
Et puis Orphee, & la grãd cure
Du philosophe Pythagore,
Et de ses disciples encore,
Qui cachoyent tous leurs beaux serui
Auecques l'ordre, & les offices   (ces
Du Pythagorique silence:
Puis de Socrates l'excellence,
Et de ce tant diuin Platon,
D'aristoxene, & de Caton
La secrete philosophie.
Et afin que mieux on se fie
A leur tant bonne & belle grace,
Ils adioustent les loix d'Horace,
Et l'Athenienne ordonnance.
Qui plus est, de là on s'auance
D'alleguer les sublimitez

Cato,
Mitte ar
cana Dei

Horati⁹
inter le-
·ges con-
uiuiales
hanc re-
cẽset, vt
sit secre-
tũ quic-
quid sit

De

De Genese, & subtilitez
Qui se rencontrent sur la fin
D'Ezechiel. Voire, & afin
D'auoir solide fondement,
Ne laissent derriere comment
Il n'est permis par les Hebrieux,
(Tant ils les estiment scabreux)
De lire ces poincts aux mineurs.
D'autre part bon freres mineurs,
Vrais princes Hebrieux en caballe,
Tirent soudain de ceste balle
Les secrets du feu, & des cierges,
Et autres biens cachez aux vierges
De Vesta, & aux pontifices.
Puis ioingnent a leurs malefices
Les hauts cris du criard sergent
Dressez a la prophane gent
Es solennitez Eleusines.
Ainsi font-ils en leurs cuisines
Seruir & payens & prophetes.
Leurs impudences & tempestes
Crient qu'aux lais la cognoissance
Des saicts Escrits tourne a meschãce
Et qu'en tous temps & lieu le sage
Cache le secret du mesnage.

g.iii.

Marginal notes:

& dicitur in cõuiuio. Apud Atheniẽses in cõuiuiis seniores mõstrabant ianuas cæteris cũ ciuili exhortatione, ne cp dictũ sit iter.

In sacris Eleusinæ Cereris initiati solùm admittebantur præcone acclamãte, Procul ô procul este prophani, (Clamabat vates) totõ que abstite luco.

Auersato celatur sapiẽtia.

Iesus, disent-ils, en parole
Ouuerte peu, par parabole
Parla beaucoup: & si ordonne
Que le sainct aux chiens l'on ne dône,
Ni aux pourceaux les marguerites.
Voyla ce que ces chatemites
Alleguent, cachans les secrets
Non pas de Dieu, mais de Ceres.
Secrets touteffois si couuers
Qu'on voit le iour tout au trauers.
Et qu'est il besoin de reliques?
Cà letres Hiëroglyphiques,
Il vous faut bien remettre sus,
I'en suis dauis. O bon Iesus!
Ils ont ta verite si vile
Que s'ils tenoyent ton Euangile
Sous vn cachet, Naso, Tibulle
Properce, Martial, Catulle
Tiēdroyent lieu des vrais Euangiles?
O decisions bien subtiles!
Voyla pourquoy eux tous aussi
De cacher ont si grand souci
Leurs beaux secrets a tous, hors mis
A quelques poures endormis
Idiots, vieillars, simples vefues,

Qui

Religio-
sa Aegy-
ptiorum
volumi-
na hiero-
glyphi-
cis lite-
ris scri-
bebâtur.

Qui espient les fleurs des febues:
Et a quelques vns dissolus,
Fauorisez & bien voulus
De to⁹ leurs troupeaux Seraphiques.
A ceux-la leurs mirelifiques
Sont departies priuément.

Les Ma-theologiês respondêt aux argu mens par siffler & clacquer des mais. C'est le poinct, qui tant aigrement
Me poingt a vous contrepointer.
Mais vo⁹ loin du poinct d'appointer,
Sifflez, & ne faites que bruit.
Le prouerbe, Trop gratter cuit,
Voulustes pour cela m'apprendre.
Voyla pourquoy sans me defendre,
Couuert de puante fumee
(Si la porte eust este fermee
Ie fusse estouffé)a Dieu grace
Ie prins l'æ: r, & ioyeuse face
En despit de vous enfumez,
Vous quittant docteurs perfumez,
Mais non pas si bien entendus,
Que de pres vous estes tondus.

SATYRE VII.

LES DEVIS D'APRES DISNER.

VEL bruit ? Qui
font ces rioteux?
Ces ordoux aifi def
piteux,
Et mafques a lour-
de cabauche?
Sont les compagnons par desbauche
De maiftre Antitus, qui portoit
Chauffes a queuës, & trottoit
Gayment en fouliers a poulaine,
Enfans de Paris, & d'Helene,
Freres heritiers de Merlin,
Vrais difciples de Pathelin,
Ou mieux des porteurs de lardoires
Du temps iadis, vrais trottefoires,
Eftallans par tout marchandife,
Tous enfans de Papelardife,
Prefts a monter en auallant.
Puis Dieu fcait fi chafque gallant
Tenant toufiours le verre au bec
(A tel meneftrier tel rebec)
Met paradis en inuentaire,

Com-

Compofé fur fon breuiaire,
Contant vn par vn tous les Anges.
Ce n'eft doncq des bourbiers & fãges
Que puifez vos formalitez,
Inftances, & Ecceitez,
Vos quidditez & nominales,
Thomaffes, Albertes, reales,
Magiftrales finitions,
Arguties, conclufions,
Extramondanes d'Ariftote,
Correlaires a plene hotte,
Quodlibets, propofitions,
Subtiles fuppofitions,
Et tous tels threfors fcholaftiques.
Voire mais, riues aquatiques
Iamais le bon vin ne reffemblent.
Nonobftãt que toutes gens trẽblent
En entendant vos beaux Latins
De cuifine. Fy fy maftins,
Humefouppiers, aualle trippes,
Guettelardons, gros fripelippes,
Qu'ay-ie dit? o vaillans Sophiftes,
Trefdignes & difcrets Scotiftes!
Docteurs fubtils, fubtiliffimes,
Docteurs illuminatiffimes,

Docteurs solennels, seraphiques,
Irrefragables, Deifiques,
Ne voyci pas vos vrais esbats?
Escoutez si i'ay haut & bas,
De vous nos Maistres bien titrez,
Les colloques enregistrez,
Pleins de Troulogale faconde.

COLLOQVE, DV QVEL SONT
INTERLOCVTEVRS, MONSIEVR No-
stre maistre Friquandouillé, Frere Thibaud,
& Messire Nicaise.

Nostre maistre Friquandouille.

IE vire, ie tourne a la ronde.
Que voy-ie là?

Frere Thibaud.

Ils semoc
quient de   Fols sans ceruelles,
ceux qui   Qui souuent de leurs tartauelles
leur ap-   A nos huis.
portent.

Messire Nicaise.

Tout ce que mangeons
Est tarteuellé.

Nostre Maistre.

Si rangeons
Nos cloches, maillets, & marteaux.

Frere Thibaud.

Contre qui? Contre les cousteaux
De ceux qui tranchent nos lopins?

Nostre Maistre.

Ils mesprisent (quels Frãcs-taupins!)

Nos banquets,nos frugalitez.
F. T.

Ils rompent nos sodalitez,
Et nos munitions arrestent
Sur les passages.
M. N.

Ils s'apprestent
Pour resister a tous assauts.
N. M.

Nos dents,nos ongles font les seaux
Pour les passer au mestier maistres.

Ils parlēt aux Mini stres de ve rite absēs

I'en veux a vous, d'oisons les paistres,
Que vous font nos nez cramoisis?
Les dieux des Payens tous moisis
Viuoyent-ils de vins esuentez?
Estoyent-ils pas tresbien rentez
D'ambrosie & nectar és cieux?
Estans de ces terrestres lieux
Repeus doucement par odeurs,
Et abondamment des nideurs
Des holocaustes & victimes?

Horati⁹ O noctes cœnæq; Deū n ! A poëtis Diis tri buitur vt domi ambro sia, & ne ctare vi uant. Quŏd si aliquò ad victi mam in uitātur, nidore carnium magis de lectan tur.

F. T.

Pour maī tenir les s.dalitez & con uints.

Sodales,compagnons d'estimes,
(Ie ne di pour me despiter)
Pour cela sceurent Iuppiter
Du nom Sodalat inuoquer.
Ce n'estoit pas pour Dieu mocquer,

Sodales hætere sium Io uē idest, sodali tium, vt sodalitii iuris có lebant.

Quand ªRomulus se couronna
D'espics de blé, & se donna
Nom de frere douzieme en nõbre.
C'est bailler a Ceres encombre
De contemner les bonnes cheres,
Quoy que les viandes soyent cheres.
Bref, toutes tables moniales
Sont les viandes ᵇCereales
Des compagnies Iuppinistes.
Au milieu d'autres chopinistes
ᶜCaton, ce vaillant Senateur,
Comm'il dit, & n'est point menteur,
Se trouua, & y beut d'autant.

M. N.

Prestres ᵈSaliens en sautant
Es enuirons de leurs anciles
On fait des generaux conciles
Pour practiquer mets somptueux.
Les sept epulons vertueux
En verite le testifient.

N. M.

Les vieux ᵉPontifes ratifient
Toute cest'honorificence,
Toute exquise magnificence
De nos ioyeux ᶠSynagogimes,

Et

Et des bien ordonnez regimes
De nos conuiues tant sacrez.
De Metellus sont consacrez
Pour cela, les faits en memoire.

Macrob.
Satur.
vetustis-
simã Me
telli põ-
tificis cœ
nã sũmo
appara-
tu,& om
nigenis
lautitiis
instructã
descri-
bit.

M. N.
Qui scait le tour de l'escumoire
Doit tousiours grasse souppe auoir.

N. M.
Du Pape donq c'est le deuoir
De boire a la Theologale,
Pour digerer a la regale
Du peuple le pesant peche.

F. T.
Iours & nuits doit estre empesché
(Quoy que sa mule on en harie)
Pour maintenir la confrairie
De Mere eglise en ses estats.

*La mule
du Pape
ne boit
qu'a ses
heures.*

M. N.
Quels apostres! mais apostats
Qui no⁹ voudroiét voir piés deschaux
Et souffrir faim, soif, froids & chauts
Au mespris de nostre prestrise.

N. M.
Les prestres Hebreux que l'on prise
Furent riches & opulens.
Et pourtant furent excellens

A maintenir religion
Par la vertu de bons deniers.
Ce non obſtāt ces gros aſniers
Diront que le pape Marcel
Deuoit refuſer le morcel
Que luy bailla ſaincte Lucine.
Et que de tous maux la racine
Prend des biens-faicts, & du butin
Du bon empereur Conſtantin.
Voyla vne belle ſcience,
Et gens de bonne conſcience
Qui refuſent le patrimoine.
Et tant ils ont le matrimoine
En leur recommandation!
Pape ſans domination
Ne ſeroit-il pas vn beau Pape?

F. T.

Au diable capuchon & chappe
S'ils ne portent authorite.

M. N.

Si fraternelle equalite
Auoit ſó lieu (choſes terribles!)
Adieu nos banquets Pollucibles,
Adieu bon temps, Adieu cuiſine,
Adieu toute vie diuine.

F. T.

Cœpit Romanᵘ Põtifex diues fieri quũ il lum Lucina, Marcel. Io ſedente, moriens prima fecit hæredē.

Ementita donatio Conſtantini.

Apud Romanos Pollucibi. lia conui uia ex piſcibus conſta. bant.

F. T.

O griefues difputations!
Nous fommes aux tentations
Et autres feminins obiects
Ainfi que les autres fubiects.
Ha mon ami.

N. M.

Frere Thibaud.

F. T.

Noftre Maiftre.

N. M.

Hardi ribaud,
I'affufteray mille canons
Au befoin contre ces afnons
Pour du tout les mettre en poucieres

F. T.

Belles queftes.

M. N.

Rentes fonfieres.

N. M.

I'enten bien, c'eft la recompenfe
Qui nous fait auoit patience.

F. T.

Ha noftre frere Friquandouille!

N. M.

Que dites-vous frere Gribouille?

Vous feray-ie vne queſtion
Sous le ſeau de confeſſion?
Dictes-moy, péſaſtes-vous oncques

Ces man-
gedieux   Que vous fiſſiez Dieu?
ne croyēt
rien moīs
que ce   N. M.
qu'ils veu
lent faire
croire   Et quoy doncques?
anx au-
tres, teſ-   F. T.
moin
leurs de-   Ha dea, ie veux bien qu'on le croye,
nis parti
culiers,   Autrement a Dieu noſtre ioye.
& les pro
pres li-   Mais fidam meam, Noſtre maiſtre,
ures de
leur Sophi   Ie ne ſcay pas que ce peut eſtre,
ſterie.
    Ie ne le creu onc, ni ne croy.

         N. M.

Parlez bas, non fay-ie pas moy,
Et bien ſouuent ay eu grand peine
De me retenir mon haleine,

Leurs pl°
beaux de-   Afin de ne peter de rire,
nis ſont
du badi-   Lors que ce populaire tire
nage du
paoure   Ces mea culpa, de ſi loin,
peuple
qu'ils ont   Et qu'on me vient ſans grand beſoin
abuſé
pour a-   Leuer ma queuë par derriere.
uoir l'of-
frande.   Mais, viue noſtre gibeciere,
    Cela ne va que bien ainſi.
    Mais quoy? ſcauez-vous? tout ceci,
    Soit tout dit en confeſſion.

             M.N.

M. N.

Noſtre maiſtre, vne queſtion.

N. M.

Hardiment. ie vous en diray
Tout autant comme i’en ſcauray.

M. N.

Ie demande, ne vous deſplaiſe.

N. M.

Non fait-il, Meſſire Nicaiſe.

M. N.

On ne ſau
roit par-
ler hone-
ſtemēt de
choſes ſi
deshone-
ſtes.

Si tout ce qu’on mange ſe chie?

N. M.

Et quoy donc? Et faut que ie die
Que tout hôme eſt fol qui en doute.

M. N.

Mais voyci la ſeconde doute:
Paradis n’eſt-il pas au lieu
Où ſe trouue noſtre bon Dieu
Qui au parauant eſtoit pain?

N. M.

Cela eſt vn poinct tout certain.
Et que concluez-vous pourtant?

M. N.

Ergo ie conclu que d’autant
Que le Dieu que nous auons fait,

h. i.

S'en va droit du ventre au retraict,
Il y faut chercher paradis.

N. M.

C'est vn argument de iadis.

Telle est la resolu-tion des pl⁹ sauãs Mathеolo-giens. Mais quoy que soit, il no⁹ faut croire,
Que nostre bon dieu deuient foire
Deuant qu'estre en bas deuallé.
Parquoy, puis qu'il s'en est allé
Deuant qu'attendre la sortie,
C'est foire, & nõ pas dieu qu'on chie.

M. N.

O belle resolution
De difficile question!
Frere Thibaud que vous en semble?

F. T.

Beuons mon amy, car ie tremble
Que quelcun de ces fins frottez
Ne nous ait desia escoutez.
Et puis, quoy Mõsieur nostre Maistre?

N. M.

Deuise empruntée de Sarda napale, par les pa pelastres. Il m'est auis qu'il n'est que d'estre.
Bon pain, bon vin, & bon potage,
Sont le soulas d'vn homme sage.
Et vous quoy Messire Nicaise?

M. N.

Il n'est que de viure a son aise,
Et noyer tout soin & souci.
Vous pleurez, frere.

F. T.

Il est ainsi.
Car la peine est grande, a vray dire,
D'ainsi tousiours gaudir, & rire.
Mais il faut auoir patience.

N. M.

Sus, abruuons la conscience
Tandis que sommes yci bas.
Car c'est apres nostre trespas,
Que nous beurons de l'eau-beniste.

F. T.

De la table aller droit au giste,
Et trouuer là ie scay bië quoy,
N'est ce pas defendre la foy,
Quoy que Lutheriens escriuent.

N. M.

Ceux-la boyuent bien, qui bië viuët.

F. T.

O belle sentence & bien graue,
Quand on a tant beu qu'on en baue!

M. N.

Voyla sans faute vn mot doré!

F. Pierre
Doré tref
digne Ia-
copin.

Y fuſt frere PIERRE DORE.

F. T.

O grande conſolation!

M. N.

O certaine approbation
De la ſainⱥte foy catholique!

N. M.

à
F. Antoi
ne Catelā
condam-
né pour
bougre en
ſon cōuēt
D'alby,
foitté pour
adultere
au cōuēt
de l'obſer
nance a
Thoulo-
ſe, par
importu-
nité de
ceux auſ-
quels il
touchoit,
depuis de
uenu Mai
ſtre Ali-
boron en
Italie, &
de là ayāt
cōtrefaiⱥt
l'Euange
liſte auec
vne putaī
par leſpa
ce de deux
ans, par
faute de
trouuer
qui ſen
vouluſt ſer
uir, deue-
nu pillier
de la foy
Catholic-
que.

Viue des verres la muſique,
Changeons propos, quelle nouuelle?
Que fait de Luther la ſequelle?
Mourront-ils pas l'vn de ces iours?

M. N.

Fidam meam ils vont touſiours,
Et pleuſt a Dieu qu'ō euſt fait treſues.

N. M.

Ō le bel eſcoſſeur de febues
Que frere ªANTOINE CATELAN!

F. T.

Baille luy belle, que de l'an
Il n'euſt tant ſongé ce badin.

N. M.

Et ᵇDEMOCHARES ce dandin,
Et ce bel ᶜARTVS deſchiré.

M. N.

Par diam, i'euſſe deſiré

ᵇ
N. Mai-
ſtre de
Mouchy,
maiſtre
ſoliuré,
teſmoinle
crucifix
de Noyō.
ᶜ
Artus
bean fai
ſeur de
lardoires
qui ri-
maille
pouravit
ſa lippés.

Qu'ils

Qu'ils euſſent eu fiebure quartaine,
Pluſtoſt que de prédre la peine
D'expoſer par leurs menteries
Tout noſtre faict a mocqueries.
Car, le grand gibet y ait part,
Ils ne viuent pas a l'eſcart
Nos ennemis, chacun les voit,
Et tout clairement apperçoit
Tout le rebours de nos menſonges.

F. T.

Il eſt paſſé le temps des ſonges.

N. M.

Le tẽps n'eſt plus, quand tout eſt dict,
De faire tout croire a credit.
Mieux nous vaudroit paſſer le temps,
Tant qu'il dure, en paix & contens,
Ici giſt la Et quittant là tous ces Ergos,
ſomme de Alleguer tout droict les fagots.
la Theolo-
gie papi-
ſtique.

M. N.

O treſdiuine opinion!

F. T.

O courte reſolution!
Teſmoin Liſet, ce bon preud'hóme,
Qui euſt par trop mieux faict en ſóme
De n'entrer ſi auant en ieu.

h.iii.

Meſſire Nicaiſe.

Mais noſtre Maiſtre depardieu,
Auez-vous point ouy nouuelle
D'vne riſee ſolennelle
Qu'a fait de ſon nez treſpaſſé,

Epitaphe apporté des terres nenfues a l'autheur du preſét Satyre. Et dedans vn verre enchaſſé
Vn certain poëte a demy?

F. T.

Et conte-nous en, mon ami,
Les morts n'en ſeront pas marris.

N. M.

Marris ou non, ie veux du ris
Touſiours a l'iſſue de table.

M. N.

Oyez donc d'vn nez venerable
Vne complainte mirificque:
Et puis nous orrons la muſicque.

COM-

COMPLAINTE DE MES
SIRE PIERRE LISET SVR LE
trespas de son feu Nez.

ESSIRE Pier-
re estonné
De voir só nez bou
tonné
Prest a tomber par
fortune
De la verole importune,
De grand colere qu'il eut,
Print son grand verre & y beut,
Puis d'vne musicque yurógne,
Contournant sa rouge trógne,
Iettant son œil chassieux
Vers son royaume des cieux,
(C'est a dire, ses bouteilles
Belles, grandes, nompareilles,
De son buffet l'ornement,
Et son seul vray sauuement)
Acoudé dessus sa table,
Rota ce cry lamentable.
Ha paoure nez tu t'en vas,
Et ie demeure yci bas!
Nez né seulement pour boire,

Nez mon honneur,& ma gloire:
Nez qui peux entierement
D'vn ſeul regard ſeulement
(Car notez,le bon hommeau
Auec ſon rouge muſeau,
Seul d'entre les hommes nés,
Ne regardoit que du nez.)
Tout l'vniuers alterer,
Las!te faut-il enterrer,
Et qu'eau benite te laue
Prinſe ailleurs que dans ma caue!
Nez, ſeul vray nez beuuatif,
Nez d'vn teinct alteratif,
Nez dont meſmes la roupie
Piſſoit vin de goudepie,
Nez gourmet de mes deſirs,
Alambic de mes plaiſirs,
Nez par qui fut annoncé
L'aigre,l'eſuent,le pouſſé,
Suce-vin,vuyde-bouteille:
Nez,nez ma roſe vermeille.
Adieu nez qui vas en terre,
Auecques lequel ſ'enterre
L'eſpoir que i'auois iadis
De ce mien bas paradis.

Helas! au moins i'esperois
Qu'auec moy tu partirois,
Et qu'apres nostre viuant,
Mourrions ensemble en beuuant.
Nez, vray nez de Cardinal,
Mes heures, mon doctrinal,
Miroir de la Sorbonique,
Qui ne fus onc heretique,
Vray suppost de nostre eglise,
Digne qu'on te canonise:
Mon rebec, ma cornemuse,
Duquel la ronflante muse
De blanc & cleret enflée
Eust peu tout d'vne soufflee
Calliope & ses enfans,
Iusques aux plus triomphans,
Voire tout leur Hellicon
Deffier a beau flascon,
Voire leur double Parnasse
Deffier a belle tasse.
Helas! flascons & barils,
Chãte-pleures & durils,
Il s'en va mourir ce nez
Qui vous a tant pourmenez.
Nez defuncts ie vous adiure,

Ie vous prie & vous coniure
Par flascons, & gobelets,
Par tous frians morcelets,
Ceruellats, paftez, efpices,
Pieds, andouilles, & fauffiffes,
Honneur de nos cheminees,
Par iambons, & efchinees,
Bœuf fallat, & haftiueaux,
Pipes, poinffons, & tonneaux,
(Et notez. O grand pitie!
O immortelle amitie!
Qu'en chantant tout ce beau rolle,
Entrecoupant fa parole,
Le bon preud'homme preffé
De fon nez intereffé,
Autant qu'il poulfa de mots,
Autant foufpira de rots.)
Or doncques, nez, dit-il lors,
Paoures nez qui eftes morts,
Faites a mon nez l'honneur
Qui affiert a tel feigneur.
Mais o mon nez qui t'en vas,
Eftant ainfi mort helas!
A quel maiftre feras-tu
Conuenable a ta vertu?

Si

Si tu as encor enuie
De me plaire apres ta vie,
Va droict entre les camus
Choisir feu De cornibus.
Car lors (o grand desplaisir!)
Que la mort le veint saisir,
Le bon homme (scay-ie bien)
Auoit ia perdu le sien.
Au moins i'auray ce confort,
Que seras apres ta mort
Le nez d'vn autant preud'homme,
Que fut onc pape de Romme.
Sur ce L'yurongne se teut,
Et le paoure nez luy cheut,
Qu'il ramassa doucement.
Puis, pour son contentement,
Ordonna tresbien & beau
Qu'il feust mis en ce tombeau,
Bien proprement enchassé
Dedans vn verre cassé.
Puis, pour memoire eternelle
De son nez & de son zele,
Luy graua ceste epitaphe,
Qui'l signa de son paraphe:

CI GIST ENCHASSE EN VERRE
LE FEV NEZ DE MAISTRE PIERRE.
PRIEZ O VOVS QVI PASSEZ
POVR TOVS LES NEZ TRESPASSEZ.

SATYRE. VIII,

CONTENANT LE TROVBLE
de la feste.

AINSI difputoyẽt
vis a vis
Nos maiftres, quãd
fur ce deuis
Voyci venir vne per
fonne

Qui d'eux nullement ne f'eftonne:
Et d'autant qu'auoit efcouté

Caphars furprit à la def- pourueue par les Miniftres de verite.

Tout ce qu'ils auoyẽt difputé,
Bien venu qui ceans apporte,
Entrons, dit-il, voyci la porte
Des ennemis de verite.
Quoy? Eft-ce ci l'integrite
Des anciens? Quelle cauerne
De larrons! o quelle tauerne
De tout erreur! O roftiffcurs
Entendez, tenez-vous affeurs
Que d'autant que vos vtenfiles

Ne

Ne permettez par saincts Conciles
Estre remuez, nous voyci
Pour cela.　　　　En parlant ainsi,
Courageux, preux, vaillans Ministres,
Approchent paniers & canistres,　　*Ies Mini*
stres de ve
Rompent les plats, escuelles percent.　*rite trou-*
blent la
Cela fait, és conduits renuersent　*feste.*
Vin, pain, viandes, vilenies.
Puis au milieu des felonies
Des maistres principaux commis,
Ils ont sur tables des mets mis
Diuinement delicieux.
Lors la Dame aux yeux chassieux,　*Ignorāce*
Dit, haro! voire dea, Prophetes
Qui les beaux seruices deffaictes
De mes domestiques vicaires,
N'auez-vous nuls autres affaires
Que de ma cuisine gaster?
Du moins deuiez auant gouster,
Sans faire bruit, mes douces sausses.
Cependant vos receptes fausses
Sentent le feu. Vous mes suppofts,
Voulez-vous perdre vos repos?
Bruslez.　Suppofts de s'effrayer,
Et petits, & grans de crier,

Al'ar me, a l'arme, & a l'effroy.
Voyci le gras gros damp Geofroy
A la grand dent, picquefaufiffe:
Damp Finet, happe-benefice:
Damp Guillot, furnómé l'yurongne:
D. qui toufiours boit, s'il ne groigne:
D. qui tiét toufiours fes mais nettes,
Pour bien crocheter les beuretes:
Damp Vedel fans difcretions,
Qui mange les oblations:
Damp Fripefauffe, qui fe bande
A deuórer toute prebende:
Damp Ioyeux preud'hós honorable
Qui mangeroit treiteaux & table:
Damp Tirelardon l'aualeur:
Damp Phagon, Phagon l'engouleur:
Freres Philoxene, & Gnathon,
Ceftuy chat, & l'autre chaton:
Qui en to' plats ordoux, fe mouchét,
Afin que les autres ni touchent:
Frere qui mange a s'eftrangler,
Bonofe qu'il conuient fangler:
Damp qui toufiours rinffe le bec,
Le pere gardien gros bec:
Pere cuftos, pere pillard,

Pere bourfier le faoul de lard,
Le confeſſeur hume-brouët,
Le vifiteur trouffe-fouët:
Le fot Soufprieur, faoul-de creux:
Monfieur le chambrier fonge-creux,
Monfieur le Cellerier Trinquet,
Monfieur le panetier Croquet,
Monfieur l'aumofnier taftepoire,
Le Secretain verfe-ma boire,
Le Threforier, tous font contens,
Le lifeur, Compere Bon temps
Monfieur le Doyen Nil-valet,
Monfieur le Preuoft, fin valet,
Le chantre, Tout-eft defpendu,
Le grand Chorifte, Pain-perdu,
Lacquais, auant-marcheurs, nouices
Lefche-plat, auec Trinque-pot,
Guette-pain, auec Lefche-roft,
Le pouacre Monfieur l'Abbe
De tout le monde gabbé,
Tant il eft fat, & ridicule
Auecques fon aqualicule,
Vuide-grenier, le Souffragan,
L'Officialis fouffl'-en gan,
Monfieur l'Euefque ferre-en l'arche,

Saoul-d'ouurer, le grand Patriarche.
Tous, di-ie, oublians le manger
Pour vn temps, se veinrent ranger
Pour frapper d'estoc & de taille.
Lourdaux demandent la bataille,
Si qu'apres des soupes les charmes
Chacun accourut a ses armes,
En confusion pesle mesle:
Les vns espez comme la gresle
Empoignent (o fortes Canailles!)
Pales, fourgons, broches, tenailles,
Leschefrois, chandeliers, aiguieres:
Les autres landiers & chaudieres,
Chauderons, pots, plats, & escuelles,
Bassins, cocquemars, & coquelles.
Voyla la guerre aux cuisiniers,
Pour garder cuisine & greniers.
Moy cependant de me caler:

L'autheur se sauue de la bataille iusques à son retour.

Car que sert prescher, & parler
A ventre qui n'ha point d'aureille?
D'ailleurs, ce n'est poît de merueille,
Si i'ay fuy la bastonnade.
Mais non obstant ceste sonade
I'espere que verray le iour
Qu'ils pleureront a mon retour

ESCRITEAV SVR LA CVI-
sine Papale.

Ceste cuisine, à coquina,
Proprement se nomme COQVINE;
Car rien que paillards coquins n'ha,
Auec lesquels elle coquine.

A MESSIEVRS PASSE-VENT,
& Passe-par-tout.

Passe-uent, & Passe-par-tout
Vont en cuisine l'entrepas :
Puis allans, venans tous debout,
N'ont que la soupe pour repas.
Or Badins, n'entendez-vous pas
Que de passer vous presse l'heure?
Passez mensonges a grans pas,
La verite tousiours demeure.

i. i.

AVX CVISINIERS.

De ces Cuisiniers le grand heur,
De ces Maistres l'authorite,
Le bon visage, la longueur
De ces banquets, l'amenite
De ce lieu, la fecondite
De la table, & l'ordre des mets,
Tout cela pour commodite
De viure gras, est a gre. Mais!

AVX ROSTISSEVRS.

Ie cognoy, Cagots, que mes liures
Vous sont fascheusement nouueaux.
Bruslez, si en serez deliures
Pour vous en seruir de naueaux.
Mais scauez-vo' q̃ c'est, Gros veaux,
Fuyez le feu qui s'en fera:
Car la fumee en vos cerueaux
Seulement vous estouffera.

DE LA DEFENSE DE LIRE LA'SAIN-
&te Escriture.

Nos grans docteurs au cherubin visage
Ont defendu qu'homme n'ait plus a voir
La saincte Bible en vulgaire langage
Dont vn chacun peut cognoissance auoir.
   Car,disent-ils,desir de tant scauoir
N'engendre rien qu'erreur, peine & souci.
   Arguo sic, S'il est doncques ainsi
Que pour l'abus il faille oster ce liure,
Il est tout clair qu'on leur deuoit aussi
Oster le vin,dont chacun d'eux s'enyure.

EPITAPHE DE MESSIRE PIERRE
Liset,preux & vaillant champion.

Hercules desconfit iadis
Serpens,geans,& autres bestes.
Roland,Oliuier, Amadis
Feirent voler lances & testes.
   Mais, n'en desplaise a leurs conquestes,
Liset,tout sot & ignorant,
A plus faict que le demourant
Des preux de nation quelconques,
Car il feit mourir en mourant
La plus grand' beste qui fut oncques.

FIN.

www.ingramcontent.com/pod-product-compliance
Lightning Source LLC
Chambersburg PA
CBHW051732090426
42738CB00010B/2218